AF229235

PASIGRAPHIE,

ƆƆ⅂ *ou* Ʒ7.

SECONDE PARTIE,

CONTENANT,

1º. L'Indicule, en deux cadres ou quatre pages, formant ensemble douze colonnes;

2º. Le petit Nomenclateur, en douze cadres, chacun de deux pages, comme ceux de l'Indicule;

3º. Dix cadres détachés du grand Nomenclateur divisé en douze classes, composées chacune de six cadres pareils à ceux de l'Indicule et du petit Nomenclateur.

AVERTISSEMENT.

Tous les cadres sont également formés de deux pages placées l'une à côté de l'autre, de six colonnes perpendiculaires allant du haut en bas, et de six tranches, de six lignes chacune, tranches qui coupent horisontalement les six colonnes.

Chacun des titres des douze colonnes de l'INDICULE se retrouve dans le titre de celui des douze cadres du PETIT NOMENCLATEUR, qui porte le même caractère pasigraphique ; et ces deux titres se retrouvent en substance dans le titre de la classe du GRAND NOMENCLATEUR, à laquelle correspondent le cadre du PETIT NOMENCLATEUR et la colonne de l'INDICULE.

Pour faire distinguer au premier coup-d'œil les trois sortes de cadres, on a mis un filet simple autour des deux cadres de l'INDICULE, un filet double autour des douze cadres du PETIT NOMENCLATEUR, et un filet triple autour des dix cadres détachés de diverses classes du GRAND NOMENCLATEUR.

Les notes de l'INDICULE et des NOMENCLATEURS sont toutes renvoyées à la fin des deux cadres du premier, des douze cadres du second, et des dix cardres détachés du troisième.

INDICULE PASIGRAPHIQUE

EN DEUX CADRES OU QUATRE PAGES,

FORMANT ENSEMBLE DOUZE COLONNES.

On observera que si les mots d'une colonne de L'Indicule ne se bornent pas tous exclusivement au genre d'idées indiqué par le titre de la colonne, ils y conviennent d'une manière plus spéciale qu'à d'autres, auxquelles ils s'appliquent moins qu'ils ne s'y prêtent en passant du sens naturel au sens figuré.

Une rigoureuse exactitude est impossible; elle ne saurait s'accorder avec le génie de toutes les langues, et conduirait à des sous-divisions trop inégales pour ne pas fatiguer l'attention et rebuter la mémoire.

Ier CADRE. INDICULE DE MOTS SERVANT DE LIEN OU DE COMPLÉMENT

Ire COLONNE. MATIÈRE, POSITIONS ET MODIFICATIONS.	IIe COLONNE. VÉGÉTAUX.	IIIe COLONNE. ANIMAUX.
—	~	ℓ
— Haut, en haut.	A FLEUR, - de terre.	AVANT terme, à terme.
~ Au haut, par en haut.	Au bord, sur le bord.	A plat, à plat ventre.
ℓ Bas, en bas.	En terre, en pleine terre.	Sur le dos, à la renverse.
ℓ Au bas, par en bas.	Au fond, à fond, du fond.	A terre, par terre.
G Du haut en bas.	A l'abri, à couvert.	En rond, à croupetons.
G Du bas en haut.	Au vent, à l'air, en plein -.	A rebrousse poil.
— Sur, dessus.	Vers, sur (direction).	Terre à terre.
~ Au dessus, par dessus.	Près, proche, de près.	Pas à pas, pied à pied.
ℓ Sous, dessous.	Joint, contre, à bout portant.	A 2 -, à 3 -, à 4 pattes.
ℓ Au dessous, par dessous.	Ras, au ras, rez, - de chaussée.	A clochepied, clopin, clopant.
G Entre, parmi.	A, après (adhérence).	A tire d'aile, d'une aile.
G Sens dessus dessous.	De proche en proche.	En haleine, hors d'haleine.
— Devant, sur le devant.	Le long, en long, au long.	Avant, en avant.
~ Au devant, par devant.	En large, au large, à l'aise.	Loin, de loin, à perte de vue.
ℓ Derrière, sur le derrière.	A l'étroit, en pointe.	Après, à la suite.
ℓ Au derrière, par derrière.	Autour, aux environs.	A la file, à la queue.
G A rebours, au rebours.	Vis-à-vis, à l'opposite.	A la trace, à la piste.
G Sens devant derrière.	A travers, au -, outre.	A l'affût, aux aguets.
— Au commencement [1].	A côté, de côté.	En tapinois, en cachette.
~ Au milieu, au centre.	En deçà, de ce côté, - ci.	A la dérobée, à la sourdine.
ℓ Au bout, à la fin.	Au-delà, de ce côté, - là.	A la ronde, en tournoyant.
ℓ En tout sens, pêle-mêle.	A droite, vers la -, sur la -.	D'un saut, d'emblée.
G A la fois, d'un coup, d'un seul -.	A gauche, vers la -, sur la -.	En arrêt, en défaut.
G Tout à coup, coup sur coup.	De tout côté, de toute part.	A reculons, de retour.
— En quantité, en nombre.	Droit, en droite ligne.	A la nage, à vau-l'eau, à gué.
~ A verse, à flots.	De biais, de guingois.	En l'air, au haut des airs.
ℓ Par torrent, en masse.	De travers, en travers.	A la volée, à vol d'oiseau.
ℓ D'une seule pièce.	Au revers, à l'envers.	Par sauts, - bonds, - saccades.
G En totalité, en tout.	En croix, en zig-zag.	Ventre-à-terre, à corps perdu.
G De fond en comble.	De part en -, d'outre en - [2].	Aux abois, à bout.
— Peu à peu, par degrés.	Brin à -, feuille à feuille.	A jeun, sur les dents.
~ Tour à tour, tantôt.	Grain à grain.	Contre, sur, sus.
ℓ Bout à bout.	En abondance, à foison.	En chaleur, en rut.
ℓ Goutte à goutte.	A tout rompre.	A coup, d'un coup (de).
G Couche à couche.	A temps, à point.	A belles dents, d'une bouchée.
G En morceaux, en poudre.	De garde, en réserve.	En pièces, en lambeaux.

DE SENS ENTRE LES AUTRES PARTIES DU DISCOURS. *Ier Cadre.*

IVe COLONNE. HOMME PHYSIQUE.	Ve COLONNE. HOMME SENSIBLE ET INTELLIGENT.	VIe COLONNE. HOMME PIEUX ET SOCIAL.	
DEBOUT, droit, sur pied.	Ah! ahi! oh! hem!	PLAISE -, s'il plait à Dieu.	
A tâtons, en bronchant.	Eh! eh bien! hoho! holà!	Dieu veuille, Dieu aidant.	
A tort et à travers [3].	O! quoi! las! hélas!	Au nom, - de Dieu.	
A part, en particulier.	Bah! bz, fi, ouf!	Dieu garde, -préserve, -sauve.	
Sans, à défaut, manque.	Certes, comment? peste!	A la bonne heure.	
A l'abandon, *à dire*.	Qu'est-ce? mal-peste! morbleu!	Ainsi soit-il, patience.	
En présence, face à face.	De gré, volontiers.	De -, en bonne foi.	
Tête à tête, à la tête.	De cœur, de bon cœur.	De -, en bonne part.	
De front, de face.	Malgré, en dépit.	De -, en bonne grace.	
De compagnie, côte à côte.	A contre-cœur, à regret.	De grace, en grace.	
Avec, ensemble.	Au gré (de), à volonté.	Daignez, s'il vous plait.	
Par bande, en foule.	Comme, de même, en guise.	Graces, grand-merci.	
Sur le séant, en (*son*) séant.	*Et*, aussi, et cetera.	Bonjour, bon matin.	
A genoux, à deux genoux.	*Ou*, ou bien, soit [6].	Bon soir, bonne nuit.	
A pied, à toutes jambes.	Concernant, touchant.	A vos souhaits, à (la) santé.	
A cheval, à toute bride.	A propos, quant (à).	Au plaisir, à l'honneur.	
A cru, à poil, en selle.	Mal à propos, à tort.	A revoir, au retour.	
En croupe, en trousse.	A contre-sens, par -.	Adieu, portez-vous bien.	
A pleine main, à poignée.	*Pour*, afin, pourquoi.	De la part, de part.	
D'un tour de main.	A cause, attendu, vu.	A l'occasion, au sujet.	
A tour -, à revers de bras.	*Par*, parce que, puisque.	Par rapport, eu égard, à l'-.	
A bras tendus, - ouverts.	D'autant, - plus, - moins.	A titre, en qualité.	
De force, de vive force.	Quoique [7], loin (de, que).	A juste titre, à bon droit.	
En eau, en nage [4].	Excepté, hormis, sauf.	Pour, en faveur, envers.	
Prêt (à), à même (de).	*Si*, sinon, au cas.	De manière, de façon.	
Après (à), en train (de).	Mais, d'ailleurs.	En sorte, de sorte.	
Au dépourvu, en sursaut.	A la vérité, au reste.	En -, par considération.	
En butte, à la merci.	*Car*, cependant, pourtant.	A condition, à la charge.	
En proie, à quia.	Néanmoins, nonobstant.	En forme, pour la forme.	
A l'extrémité, sans retour.	En vain, vainement.	Sous prétexte (de, que).	
Bien, mieux, au mieux.	*Oui*, soit, d'accord, tope.	De peur, de crainte.	
Tant mieux, pour le mieux.	Exprès, à dessein.	Au risque, en danger.	
De mieux en mieux.	Au vu, au su, de bon.	Malheur (à)! contre.	
Mal, au pis, au pis-aller.	*Non*, - pas, - point.	Gare, au secours, au feu.	
Tant pis, pour le pis.	En conséquence, donc.	Pardon! merci! trève! quartier!	
Dommage, de mal en pis [5].	Encore, enfin, à la fin.	Tout beau, paix, silence.	

IIe CADRE. INDICULE DE MOTS SERVANT DE LIEN OU DE COMPLÉMENT

VIIe COLONNE. MÉTIERS, COMMERCE.	VIIIe COLONNE. ARTS, AGRICULTURE, PLAISIRS, JEUX,	IXe COLONNE. SCIENCES, GRAMMAIRE, CALCULS,
D'A PLOMB, à pic.	A L'UNISSON, d'accord.	EN MATIÈRE, en fait (de).
De niveau, au niveau.	En chœur, de concert.	En question, en doute.
En équilibre, en suspens.	En mesure, avec -.	A raison, en raison (de).
A faux, porter à -.	Piano, andante, adagio.	A plus forte raison.
A jour, de rapport.	Largo, presto, allégro.	En -, à proportion.
A l'essai, à l'épreuve [1].	A reprises, da capo.	Sur-tout, après tout.
A la tâche, à la pièce.	D'un trait, trait pour -.	Selon, suivant, d'après.
A neuf, par entreprise.	Au naturel, d'après nature.	A supposer, ce semble.
A l'aventure, au hasard.	De profil, en raccourci.	Pourvu, toutefois.
D'occasion, de hasard.	En perspective.	Au moyen, moyennant.
A l'épreuve, à toute -.	Pizzicato, arpège.	Indépendamment [5].
En échange, de rechange.	Voici, voilà, tenez [2].	Par conséquent, - ment.
Au poids, à la mesure.	A loisir, à - commodité [3].	Par exemple, c'est-à-dire.
A mesure, au fur et -.	A plaisir, par plaisir.	Par comparaison, en -.
A l'œil, à vue d'œil.	En bonne -, - belle humeur.	A l'instar, en conformité.
Pièce à pièce, ric à ric.	A souhait, à cœur joie.	Au positif, - propre, en effet.
En détail, par le menu.	A gogo, à tire-larigot.	En réalité, - nature, - substce.
En barre, - bloc, - tas, - pile.	A gorge déployée [4].	Au figuré, en apparence.
A haut prix, cher, cherté.	A longs traits, boire -.	COMBIEN, que, QUE [6].
A bas -, à vil prix.	En train, en plein.	A peine, presque, quasi.
A bon marché, - compte.	Allons, - gai, alerte !	Tant soit peu, pour peu.
A juste prix, au juste.	Courage, vive la joie !	A peu près, peu s'en faut.
En conscience, - honneur.	Bis, de rechef, ter.	En partie, à demi.
Par forfait, à prix fait.	Bravo, à merveille.	Reste, en reste, au -.
Idem, item, dito, savoir.	A la folie, - fureur, - rage.	Tant, autant, non moins.
En ordre, en règle.	A tourner la tête, - les -.	Si, aussi, à ce point.
A cela près (de, que).	A fendre la tête, - les -.	Au point, à tel -, en tout -.
A compte, en ligne de -.	Au-delà de toute idée.	Moins, au -, du moins.
Au bout, en fin de -.	Vive ! vivat ! proficiat !	De moins, pour le -.
En gros, l'un portant l'autre.	Heureux ! houzé ! évohé !	Seulement, non-seulement.
A profit, au -, à l'avantage.	Avoir -, donner beau jeu.	Plus, au plus, de plus.
En valeur, en produit.	A coup sûr, après coup.	En sus, au surplus.
Comptant, au comptant.	Passe, baste, va.	Ni plus ni moins.
En commission, en dépôt.	A deux de jeu, but à but.	De plus en -, de moins en -.
A crédit, à découvert.	7 -, 15 -, 30 et le va.	Beaucoup, bien, très, fort.
A perte, en -, en pure -.	Partie remise, à refaire.	Force, à -, trop, à l'excès.

DE SENS ENTRE LES AUTRES PARTIES DU DISCOURS.   IIe CADRE.

Xe COLONNE. TEMPS, ÉPOQUES.	XIe COLONNE. PRONOMS PERSONNELS, POSSESSIFS.	XIIe COLONNE. PRONOMS DE LIEUX.	
Quand, alors, lorsque.	Je, moi, - même, - seul.	A ou au (pour *vers*).	/
De tout temps, - immémorial.	Tu, toi, - même, - seul.	A ou au (pour *dans, en*).	
D'avance, d'abord [7].	Il, lui, - même, - seul.	A la place, au lieu (*de*).	
Au commencement, dès.	Soi, soi-même, - seul.	Par (pour *au travers*).	
Dès-lors, déjà, de longue main.	Nous, -autres, -mêmes, -seuls	Aux environs, par les -.	
Long-temps, à la longue.	Vous, -autres, -même, -seul.	Ailleurs, autrepart.	
Tandis, durant, pendant.	Même, le -, de -, seul.	Dans, dedans, en dedans.	
A la minute, à l'instant.	Quel, quelque, quelqu'un.	Au dedans, du -, par dedans.	
A l'heure, au jour, à la s. [8].	Quelque chose, quoi.	Hors, dehors, en dehors.	
Au mois, à l'année.	Certain, quidam.	Au dehors, du -, par dehors.	
En moins (*de*), au bout (*de*).	On ne sait quel, - quoi.	Du dedans au dehors.	
De tems en temps, par temps.	Aucun, nul, personne.	Du dehors au dedans.	
Autrefois, anciennemt., jadis.	Gens, bonnes -, monde.	Où, y, en, dont [14].	
Antérieurement, précédemmt.	Sujet, objet, matière.	D'où, par où, pour où.	
Ci-devant, ex-, dé-, *ou* dés-[9].	Chose, telle -, toute -.	Ici, - haut, - bas, - près.	
Depuis, après, ensuite.	Tel, tel que, tel quel.	D'ici, par -, pour ici.	
Dernièrement, récemment.	Ce (*cet*), - même, - seul.	Là, - haut, - bas, - près.	
Hier, avant-hier [10].	Celui, - même, - seul.	Delà, par là, au-delà.	
A présent, présentement.	Qui, que, quoi.	Çà et là, par-ci par-là.	
Maintenant, actuellement.	Quelconque, qui que ce soit.	D'ici là, delà ici.	
Aujourd'hui, journellement.	Chaque, chacun.	Par-tout, en tout lieu.	
Incontinent, incessamment.	Plusieurs, maints.	Quelque part, de -, par -.	
A l'avenir, dorénavant [11].	La plupart, - *du temps*.	Où que ce soit, d'où -, par -.	
Demain, après-demain [12].	Tout, en tout, au total.	Nulle part, de -, par -.	
Tôt, au plutôt, trop tôt.	Autre, autre chose, autrui.	*Où, y, en, dont* [15].	
D'abord, sur-le-champ, vite.	L'un, l'autre, tiers, en -.	*D'où, par où, pour où.*	
Tout-à-l'heure, tantôt.	Quelqu'autre, - chose.	*Ici, - haut, - bas, - près.*	
A la veille, sur le point.	Tout autre, - chose.	*D'ici, par -, pour ici.*	
Veille, surveille [13].	Qu'est-ce? qu'y a-t-il?	*Là, - haut, - bas, - près.*	
Tard, au plus tard, trop tard.	Rien, à rien, en rien.	*Delà, par-là, au-delà.*	
Avant peu, dans -, sous -.	Mien, mon, - propre, à moi.	*Çà et là, par-ci par-là.*	
A tout instant, - bout de champ.	Tien, ton, - propre, à toi.	*D'ici là, delà ici.*	
Fois, quelquefois.	Sien, son, - propre, à soi.	*Par-tout, en tout lieu.*	
D'ordinaire, communément.	Notre, - propre, à nous.	*Quelque part, de -, par -.*	
Souvent, fréquemt, toujours.	Votre, - propre, à vous.	*Où que ce soit, d'où -, par -.*	
Rarement, jamais, pour -.	Leur, - propre, à eux.	*Nulle part, de -, par -.*	

NOTES DE L'INDICULE.
PREMIER CADRE.

[1] *Au commencement*, n'est pas ici le premier point du temps, mais celui d'une étendue.

[2] *De part en -*, *d'outre en -*, pour : *de part en part*, *d'outre en outre*, par abréviation.

[3] *A tort et à travers*, avec le signe du burlesque, *ab hoc et ab hac*, etc.

[4] De sueur.

[5] De *dommage* on fait : *c'est dommage*, etc.

[6] Ce *soit*, n'est pas *soit*, *oui*, mais le *soit* qui se double, *soit blanc*, *soit noir*.

[7] *Quoique* ou *bien que*, comme *oui* et *non*, ont pour équivalens *si* et *nenni*.

DEUXIÈME CADRE.

[1] *A l'épreuve* ou *à éprouver*. Plus bas, *à l'épreuve* signifie *éprouvé*.

[2] Sans aucune idée de tenir, comme dans, *tenez, croyez-moi, réjouissez-vous*.

[3] *A-commodité*, fait *à sa, à ta, à ma, à notre commodité*, avec le pronom lié au mot.

[4] Un second terme donne : *à ventre déboutonné*.

[5] Un second terme donne : *abstraction faite de*.

[6] Les deux *que*, QUE diffèrent de sens.

Le premier a toujours la même valeur que dans ces manières de parler : « *Que* de mal il a fait ! *Que* vous êtes difficile à persuader ! *Que* de méchans » !

Le second a toujours la même valeur que dans ces autres manières de parler : « Il est plus grand QUE vous, moins grand QU'elle, plus petit QU'eux, aussi grand QUE nous. Nous avons tant souffert QUE nous n'en pouvons plus ».

[7] Ici *d'abord* n'est pas l'expression de la célérité, mais d'une idée de commencement et de début qui peut se joindre à celle de la lenteur comme à celle de la vitesse ; car on dit : « Il y mit *d'abord* trop de lenteur ».

[8] *A la s.* Par abréviation, faute de place. *Lisez :* à la semaine.

[9] *Ex -*, *dé-* ou *dés -*, se joignent à tous les mots qui en sont susceptibles, tels que ceux-ci : « *Ex*-président, *ex*-ministre ; *dé*ployé, *dé*garni ; *dés*altéré, *dés*anchanté ».

[10] Un troisième terme donne ici : *Le jour d'avant avant-hier*.

[11] Un troisième terme donne ici : *Désormais*.

[12 et 13] Deux troisièmes termes donnent ici : *Le jour d'après après demain*, et *le jour d'avant l'avant-veille*, indications précises et claires que jusqu'ici leur défaut de simplicité rendit embarrassantes et confuses dans l'usage ordinaire de presque toutes les langues.

[14] Les douze lignes, à partir de [14], contiennent des pronoms de lieux auxquels l'esprit n'attache aucune idée de mouvement, comme dans les phrases : « *Où* est-il ? *Y* demeurez-vous ? *En* sommes-nous ? *D'où* sont-ils ? Nous nous voyons *par* la fenêtre. Ce paquet est *pour ici*. M'entendez-vous *delà* ? Je le distinguois *au-delà* du fleuve ».

[15] Les douze lignes, à partir de [15], contiennent les mêmes pronoms de lieux avec l'expression du mouvement de l'objet de la pensée d'un lieu à un autre, tels que ceux-ci : « *Où* va-t-il ? *Y* arriverez-vous ? *En* reviendrons-nous ? *D'où* sont-ils partis ? Nous nous y rendrons *par* la Saxe. Acheminez-vous *pour ici*, quand vous irez *au-delà* du fleuve ».

On observera qu'il n'y a point de mouvement dans la pensée qu'expriment les mots : « Quand vous serez *au-delà* du fleuve », ni dans celle du curieux, qui, à propos d'une carrière, d'un champ-clos, d'un espace déterminé, d'un jeu de bague, demande à quelqu'un : « *Y* courez-vous » ? Il s'agit ici de tout mouvement par lequel l'objet quitte un lieu pour passer dans un autre lieu distinct du premier. Ceci est suffisamment expliqué dans la méthode.

PETIT NOMENCLATEUR

PASIGRAPHIQUE,

EN DOUZE CADRES OU VINGT-QUATRE PAGES.

LES douze cadres du PETIT NOMENCLATEUR sont en tout semblables aux deux cadres de l'INDICULE.

Dans l'un comme dans l'autre, chacun des cadres se forme de deux pages prises ensemble, et contient six colonnes perpendiculaires qui vont toutes du titre au bas de la page, et six tranches horisontales de six lignes; tranches qui coupent également toutes les six colonnes.

C'est des titres réunis des six colonnes de chaque cadre du PETIT NOMENCLATEUR que se compose le titre général du cadre qui les renferme : on y retrouve toujours, ou littéralement, ou en substance, le titre de la colonne de l'INDICULE correspondante au même cadre du PETIT NOMENCLATEUR.

Ainsi, le titre général des premier, second, troisième, etc. cadres de celui-ci contient le titre des première, seconde, troisième, etc. colonnes de l'INDICULE : — MATIÈRE, POSITIONS, MODIFICATIONS, — VÉGÉTAUX, — ANIMAUX, etc. Il ne sera pas inutile de les lire d'abord tous de suite, pour se former une idée de l'ensemble du système pasigraphique.

Ier CADRE.	PETIT NOMENCLATEUR.		

	NOMBRE, NUMÉRATION, FRACTIONS.	MATIÈRE, DIMENSIONS, CORPS, PIERRES.	MINÉRAUX, MÉTAUX, COULEURS.
	— ou /	∾ ou /	ℒ ou 𝔏
—	Un, unité, unique [1].	Règne, genre, espèce.	Fossile, mine, minéral.
∾	Deux, moitié, demi, double.	Spécial, - cialité, sorte.	Bol, sel gemme, alun.
ℒ	Trois, tiers, triple.	Matière, matérialité.	Nitre, magnésie, salpêtre.
ℓ	Quatre, quart, quadruple.	Etendue, dimension.	Souffre, houille, charbon.
C	Cinq, 5e, quintuple [2].	Longueur, largeur, grosseur.	Aimant, magnétisme, pyrite.
Ɛ	Six, 6e, sextuple.	Grand -, profond -, épaisseur.	Calamine, mine de plomb.
—	7, - ième, - 7 fois.	Circonférence, circuit.	Vitriol, - blanc, - bleu, - vert.
∾	8, - ième, - 8 fois.	Diamètre, rayon, segment.	Couperose, sanguine, gangue.
ℒ	9, - ième, - 9 fois.	Partie, portion, pièce.	Ochre, éméri, colombin.
ℓ	10, - ième, - 10 fois.	Morceau, fragment, éclat.	Bitume, pétrole, asphalte.
C	11, - ième, - 11 fois.	Bloc, masse, intégrité.	Naphte, mumie.
Ɛ	12, - ième, - 12 fois.	Principal, capital, accessoire.	Jai, jayet, ambre, - gris.
—	13, - ième, - 13 fois.	Corps, corpuscule, atôme.	Métal, minerai, guhr.
∾	14, - ième, - 14 fois.	Sable, grain de -, molécule.	Or, argent, vermeil.
ℒ	15, - ième, - 15 fois.	Limon, vase, glaise [4].	Cuivre, - rouge, laiton, potin.
ℓ	16, - ième, - 16 fois.	Sel, - marin, salure.	Rosette, bronze, airain.
C	17, - ième, - 17 fois.	Gravier, caillou, gluten.	Fer, acier, marcassite.
Ɛ	18, - ième, - 18 fois.	Grès, silex, galet, jalet.	Etain, plomb, calin [7].
—	19, - ième, - 19 fois.	Pierre, - à feu, carrière.	Mercure, vif-argent, zing.
∾	20, - ième, - 20 fois.	Tuf, roc, roche, rocher.	Platine, sputer, bismuth.
ℒ	30, - ième, - 30 fois.	Pierre ollaire, lavège, moëlon.	Cobalt, orpin, manganèse.
ℓ	40, - ième, - 40 fois.	Pierre calcaire, chaux.	Litharge, safre, cinabre.
C	50, - ième, - 50 fois.	Quoquolos, lave, ponce.	Arsénic, ver-de-gris, rouille.
Ɛ	60, - ième, - 60 fois.	Ardoise, - sière, feuille.	Paille, mâchefer, scorie.
—	70, - ième, - 70 fois.	Craie, plâtre, gyps, céruse.	Couleur, teinte, nuance.
∾	80, - ième, - 80 fois.	Talc, tripoli, mica.	Noir, brun, gris, - cendré.
ℒ	90, - ième, - 90 fois.	Amiante, albâtre, stuc.	Blancheur, blanc, - châtre.
ℓ	Cent, - ième, cent fois.	Granit, quartz, spath.	Bleu, - céleste, azur, pers.
C	Mille, - ième, mille fois.	Marbre, - carare, basalte.	Vert, - de mer, - pomme, - iris.
Ɛ	Million, milliard, billiard.	Portor, porphyre, jaspe.	Violet, rouge, feu, nacarat.
—	Primitif, primordial.	Pierre précieuse, crystal.	Pourpre, ponceau, cramoisi.
∾	Individu, - alité, secondaire.	Agathe, sardoine, onix [5].	Ecarlate, vermillon, - meil.
ℒ	Dernier, pénult., antép. [3].	Lapis, grenat, opale, camée.	Jaune, orangé, souci.
ℓ	Nombre, pair, totalité.	Turquoise, amétiste, topase.	Roux, fauve, isabelle.
C	Itération, pluralité, multitude	Emeraude, saphir, rubis, b.	Alezan, bai, marron.
Ɛ	Général, - ité, universel, - alité	Escarboucle, diamant [6].	Tigré, pommelé, bariolé [8].

PETIT NOMENCLATEUR. Ier Cadre.

EXTÉRIEUR, FORME, BEAUTÉ, LAIDEUR.	POSITIONS, RAPPORTS, ANALOGIE, OPPOSITION.	INTÉRIEUR, QUALITÉ, MOUVEMENT, QUANTITÉ.	—
L ou J	C ou G	C ou G	
EXTÉRIEUR, externe.	POSITION, situation, état.	INTÉRIEUR, interne.	
Apparence, aspect.	Assiette, exposition, sens.	Intrinsèque, centre, - tral.	
Superficie, surface.	Direct, direction, rectitude.	Orifice, ouverture, pore.	
Construction, structure.	Vertical, perpendiculaire.	Conduit, issue, sortie.	
Configuration, figure, - ré.	Pente, penchant, incliné.	Félure, fente, gerçure.	
Conformation, contour.	Oblique, transversal.	Lézarde, crevasse, trou.	
FORME, point, ligne.	RAPPORT, relation, - latif.	QUALITÉ, propriété [9].	
Angle, - obtus, triangle.	Corrélation, corrélatif.	Humid -, fluid -, liquidité.	
Rondeur, rond, ovale.	Proportion, - proportionnel.	Transparence, limpide [10].	
Carré, losange, cube.	Séparation, distance.	Mollesse, flasque, flexible.	
Cône, pyramide, - dal.	Eloigner, écart, isoler.	Moëlleux, onctu -, visqueux.	
Régularité, barroque.	Dispersé, épars, éparpillé.	Sec, fermeté, solide, - ité.	
Base, soutien, support.	INTERMÉDIAIRE, mitoyen.	Force, dureté, roideur, - dir.	
Extension, volume.	Médial, im -, milieu.	Ressort, élasticité, - tique.	
Aspérité, raboteux, brut.	Interposer, entremise.	Mobile, - lité, volubilité.	
Elevure, bouffé, rebondi.	Interception, intersection.	Légéreté, subtilité, volatilité.	
Convexe, bombé, cambré.	Entre-deux, entrecoupé.	Esprit, *capiteux*, mousse.	
Bord, rebord, saillie.	Lacune, vain, VUIDE.	Exhalaison, évaporation.	
Elévation, hauteur, haut.	PROXIMITÉ, réunion.	Odeur, senteur, parfum.	
Sommet, cime, faîte.	Jonction, lien, liaison.	Puanteur, infect, fétide.	
Extrémité, bout, pointe.	Communication, attenance.	Goût, saveur, fumet, exquis.	
Tranchant, aigu, fil.	Contact, contiguité.	Douceur, fadeur, *affadir*.	
Mince, étroit, éflanqué.	Adhérence, inhérence.	Sur, acide, aigreur, amertume.	
Epaté, écrasé, platitude.	Participer, continu, PLEIN.	Apre, âcre, causticité.	
Cavité, concavité, creux.	RESSEMBLANCE, parité.	MOUVEMENT, coup, choc.	
Abaiss -, enfoncement, fond.	Assimilation, conformité.	Remuement, secousse.	
Courbe, sinuosité, gauchi.	Comparaison, parallèle.	Agitation, ébranlement.	
Tour, pourtour, tortueux.	Convenance, quadrer.	Monter, ascension, ascendant.	
Côté, parois, pan, talus.	Analogie, comporter.	Descente, chûte, ébouler.	
Couche, rang, rangée, assise.	Uniformité, identité, ORDRE.	Repos, inaction, inertie.	
Plane, uni, égalité.	DISSEMBLANCE, différence.	QUANTITÉ, tas, pile.	
Lisse, poli, luisant.	Distinction, diversité.	Monceau, amas, ramas.	
Brillant, éclat, splendeur.	Variation, variété, variable.	Abonder, affluer, foule.	
Joli, beauté, agrément.	Opposition, antagoniste.	Copieux, ample, vaste [11].	
Laideur, difformité.	Contraste, incompatibilité.	Augmenter, progrès, surcroit.	
Hideux, monstre, - truosité.	Contraire, confus, DÉSORDRE.	Diminution, déchet [12].	

IIe CADRE. — PETIT NOMENCLATEUR.

	VÉGÉTAUX, Légumes, Grains, Fourrages.	PLANTES parasites, rampantes, piquantes, mauvaises, aquatiques, curieuses	FLEURS, Teintures végétales, Aromates, Épices.
	— ou /	~ ou ʃ	£ ou λ
—	Végétal, plante, verdure.	Byssus [9], moisiss^re, mousse.	Fleur, *fleurir*, perce-neige.
~	Légume, herbe, -bage, -bacé.	Champig^n, mousser^n, oronge.	Primevère, violette, muguet.
£	Chou, chou capu, chou frisé.	Vesse-de-loup, oreille de Judas	Marguérite, pensée, immort.
Ƚ	Chou-fleur, broccoli, colza.	Morille, truffe, pilulaire.	Barbot, coquelicot, pavot [14].
C	Oignon, porreau, ciboule.	Lichen, agaric, *amadou*.	Tulipe, campanule, capucine.
C	Ail, moly, rocambole, échalote	Gui, noix de galle, *éponge* [10]	Belladone, - de nuit, jasmin.
—	Rave, radis, raifort, navet.	Cuscute, épityme, jungermane	Lys [15], narcisse, hyacinthe.
~	Bète-rave, chervis, panais.	Chiendent, conserve, lierre.	Tubéreuse, souci, jonquille.
£	Carote, salsifix, scorson^re [1]	Lierre terrestre, liseron, bihai	Oreille d'ours, passe-velours.
Ƚ	Oseille, épinard, poirée.	Houblon, traînasse, renouée.	Barbe-de-bouc, passe-fleur.
C	Cerfeuil, céléri, asperge.	Lianne, bétel, vigne de Judée.	Bouton-d'or, verge -, aster.
C	Artichaut, *foin d'*-, carde, -don	Filipendule, convolvule [11]	OEillet, renoncule, anemone.
—	Salade, mâche, raiponce.	*Ortie, chardon, - à foulon.*	Rose, -ier, églantine, grate-cul.
~	Chicorée, -sauvage, endive [2]	*Ronce, bourguespine, épine.*	Passerose, violier, géroflée.
£	Pourpier, cresson, -alenois [3]	*Yvraie, zizanie, nielle.*	Chevrefeuille, germandrée.
Ƚ	Corne de cerf, alleluia.	*Gerzeau, laîche, napel.*	Impériale, œil de christ, -bœuf.
C	Laitue, - pommée, -romaine.	*Orobanche, chicotin, ciguë.*	Grenadille [16], réséda.
C	Persil, estragon, pimprenelle.	*Ciculaire, carèche, aconit.*	Tournesol, héliotrope, syringa.
—	Grain, bled, froment, seigle.	*Plante aquat., -de marais.*	Teinture *végétale*, gaude.
~	Bled barbu, épeautre, *méteil*.	Epi -, trèfle -, lentille d'eau.	Garance, safran, carthame.
£	Orge, escourgeon, avoine.	Nayade, nostoc, grassette.	Orseille, sarretté, sumach.
Ƚ	Sarrasin [4], millet, maïs [5]	Algue, pain d'étang, ruban.	Indigo, vouéde, rocou, kouan.
C	Riz, sorgo, *sagou*, *gruau*.	Papyrus, persicaire, flèche.	Bois de Brésil, -fustel, -gayac.
C	Vesce, gesse, orobe, lentille.	Jonc, roseau, spart, *bambou*.	Campach, fernambouc.
—	Pois, -chiche, -de merveille.	Canneberge, hépatique, mâcle	Aromate, baume, copal.
~	Pois velu, lupin, haricot.	Scordium, prêle, queue de ch^l.	Thym, serpolet, romarin.
£	Fève, -de marais, féverole, ers.	Saligot, tithymale, eupatoire.	Lavande, mélisse, menthe.
Ƚ	Anis, aneth, cumin, fenouil.	Pédiculaire, scrophulaire.	Basilic, marjolaine, valériane.
C	Roquette, senevé, moutarde.	Fève d'Egypte, panicaut.	Iris, angélique, vanille, nard.
C	*Lin, chanvre, coton* [6].	Criste marine, bassile, varec.	Absinthe, sauge, *tabac*.
—	Fourrage [7], foin, sainfoin.	*Cierge pascal, aloès, glaciale*	Epice, -rie, poivre, piment.
~	Fenu-grec, trèfle, luserne.	*Boranetz, fromager* [12].	Girofle, muscade, canelle.
£	Fromental, rai-grass, painvin.	*Sensitive, attrape-mouches.*	Gingembre, genièvre, câpre.
Ƚ	Turneps, pommie de t. pat^e [8]	*Herbe à laine, - à soie, - à cire.*	Sucre [17], cassonade, mélasse.
C	Igname, manioc, *cassave*.	*Herbe du Paraguais, ginzeng*	Thé, thé -bou, café, cachou.
C	Boursette, mouron, seneçon.	*Aloté, soap, mangle, rima* [13]	Cacao, caraque, chocolat.

PETIT NOMENCLATEUR. *IIe Cadre.*

ARBRES, Arbustes, Arbrisseaux, *Fruits.*	PLANTES MÉDICINALES, Semences, Racines, Herbes, Bois, Fleurs, Fruits.	PARTIES, Formes, Divers états, Huiles, *Gommes,* Résines.	~
Ϛ ou Ϳ	**Ϭ ou ϭ**	**Ϭ ou ϭ**	
Arbre, arbuste, arbrisseau.	Sémencine [21], chouan.	Graine, pepin, semence,	
Bruyère, pyrole, brande, genêt.	Aurone, sésléi, amnis, thlaspi.	Racine, enraciné, pris, germe.	
Géronium, bois-gentil [18].	Daucus, saxifrage, coriandre.	Végétation, pousse, poindre.	
Laurier, -rose, - alexandrin.	Magalep [22], staphisagr, [23]	Surgeon, rejeton, plan, provin.	
Lauréole, myrthe, buis.	Ambrette, amone, cardamone.	Sauvageon, crue, excroissance.	
Lilas, troëne, vitex [19].	Scille, acore ; *semence froide.*	Bouton, bourgeon, -geonner.	
Fusain, aulne, hièble, sureau.	Ipécacuanha, vipérine, ésule.	Oignon, cayeu, bulbe, pelure.	
Saule, osier, obier, coudrier.	Rhubarbe, rhapontic, jalap.	Suc, sève, jus, verdeur.	
Hêtre, frêne, érable, bouleau.	Bryone, turbith, ellébore.	Calice, ombelle, pistil, pétale.	
Epine-vinette, aubépine, houx.	Doronic, cartine, gentiane.	Feuille, -age, follicule, vrille.	
If, cyprès, térébinthe, -*enthine.*	Fraxinelle, pirettre, bistorte.	Pampre, touffe, bouquet.	
Peuplier, mélise, tremble [20]	Orcanette, réglisse, squine.	Epi, panicule, gousse, cosse.	
Orme, - eau, charme, -mille.	Salsepareille, fougère, souchet.	Baie, grappe, corymbe, paquet.	
Tilleul, mûrier blanc, platane.	Aristoloche, orvale, spic-nard.	Coque, écale, brou, zest.	
Accacia, acajou, mahoni, ébène	Rue, argentine, nénufar.	Ecorce, aubier, nœud, *rabougri*	
Chêne, - vert, yeuse, *liège.*	Agripaume, ormin, brunelle.	Silique, cœur, noyau.	
Palmier, latanier, sycomore.	Aigremoine, joubarbe, orpin.	Côte, épine, piquant, *écharde.*	
Pin, sapin, cèdre, sandal.	Scabieuse, fumeterre, sabine.	Tige, trognon, souche, tronçon	
Fruit, fraise, framboise, mûre.	Hyssope, origan, pouliot.	Brin, fétu, paille, chaume.	
Myrtille, azérole, groseille.	Calament, verveine, stœchas.	Verge, baguette, gaule, perche.	
Raisin, verjus, *vigne,* - ron.	Bugle, buglose, bourrache.	Branche, rameau, -ifié, palme.	
Muscat, raisin cuit, -corinthe.	Ivette, marrube, morelle.	Buisson, haie, broussailles.	
Nefle, sorbe, corme, cornouille	Pissenlit, laiteron, crépis.	Bosquet, bocage, bois, forêt.	
Ananas, pomme d'am[r], auberg.	Caillelait, centaurée, veroniq[e].	Produire, -duction, porter.	
Pomme, -d'api, renette, coing.	Cochléaria, matricaire, juliène	Précocité, primeur, prémice.	
Poire, banane ; figue, nopal.	Camomille, armoise, euphraise	Déployé, développé, épanoui.	
Citron, limon, cédra, poncire.	Mauve, guimauve, bouill. [24]	Acabit, maturité, pommer.	
Orange, bergamotte, grenade.	Capillaire, jusquim[e], pas d'âne	Monter, passer, faner, flétrir.	
Cornichon, concombre, courge	Séné, scolopendre, osmonde.	Blète, gâté, dégénéré, pourri.	
Melon, d'eau, pastèq[e], citrouill.	Polypode, glayeul, salep.	*Huile, miel, cire, cerat.*	
Gland, châtaigne, mar., d'Inde.	Quinquina, macis, garou.	Gomme, - gutte, - arabique.	
Prune, - eau, - elle, mirabelle.	Mandragore, tuya, sassafras.	Adragant, mirrhe, encens [25]	
Pêche, abricot, brugnon.	Casse, tamarin, noix vomique.	Sangdragon, sangdarac, mastic	
Datte, alise, jujube, olive.	Riccin, mirobolan, cubèbe.	Scammonée, camphre, benjoin	
Pignon, pistache, lentisque.	Behen, coloquinte, goyave.	*Succin, assa fœtida,* opium.	
Amande, noisette, noix, coco.	Nerprun, sébeste, anacarde.	Résine, poix, goudr[n], brai [26]	

IIIe CADRE.	PETIT NOMENCLATEUR.		
£	ANIMAUX, QUADRUPEDES, DOMESTIQUES, SAUVAGES, CARNACIERS.	OISEAUX DE BASSE-COUR, DE VOLIÈRE, D'EAU, DE PROIE.	POISSONS, AMPHIBIE.
	— ou /	~ ou /	£ ou λ
—	ANIMAL, bête, bétail [1].	OISEAU, *volatille, volaille.*	POISSON, cétacé, monstre m[4]
~	Quadrupède, éléphant.	Pigeon, ramier, tourterelle.	Baleine, narwal; ourque.
£	Chameau, dromadaire.	Coq, - de bruyère, chapon[2].	Marsouin, requin, cachalot.
ι	Cheval, - barbe, *étalon, - entier.*	Géline, poularde, francolin.	Chien de mer, cheval marin.
C	*Haquenée, coursier, hongre.*	Perdrix, faisan, caille.	Dauphin, marteau, scie.
C	*Bidet, rosse, haridelle.*	Paon, dindon, pintade.	*Roussette, blanc de baleine.*
—	Bœuf, taureau, veau.	Geai, pie, pie-grièche.	Lamproie, renard marin.
~	Ane, mulet, bardot, jumar.	Rollier, commandeur.	Raie, - bouclée, pastanèque.
£	Bouc, bellier, chevreau.	Serin, oiseau de paradis.	Torpille, baudroie, sterlet.
ι	Agneau, mouton, brebis.	Grive, merle, cotinga.	Esturgeon, loup marin, husso.
C	Cochon, laie, *cochon de lait.*	Loriot, sansonnet, pinson.	Congre, murène, espadon.
C	Chat, chartreux, angora.	Gobe-mouche, étourneau.	Barbue, vive, gade, anguille.
—	Chien, - de berger, - mâtin.	Hirondelle, martinet, veuve.	Uranoscope, narvaga, capelan
~	- Dogue, - mopse, chien loup.	Roitelet, pivoine, pomérops.	Morue, *verte* [5], *sèche.*
£	- Barbet, - épagneul, - bichon.	Tarin, chardonneret, verdier.	*Cabilleau, stockfisch.*
ι	- Braque, - basset, - gredin.	Linotte, moineau, gros-bec.	Merlan, merlus, lote, barbue.
C	- Levrier, - clabaud, - roquet.	Bouvreuil, ortolan, bruant.	Grogneur, chabot, flet.
C	- Courant, - couchant, - limier.	Rossignol, fauvette, bec-figue.	*Plie, limande, sole, carrelet.*
—	RHINOCEROS, girafe.	Allouette, bergeronnette.	Turbot, scare, spare.
~	Onagre, zèbre, buffle.	Pic-vert, jouve, mésange.	Dorade, brême, labre.
£	Cerf, daim, rène.	Coucou, grimpereau, soui.	Sciéne, ombre, galemfisch.
ι	Chamois, gazelle, grisbock.	Colibri, oiseau-mouche, torcol	Perche, able, gastré.
C	Chevreuil, cabri, vigogne.	Pluvier, vaneau, courlis.	Scombre, maquereau.
C	Musc, élan, original.	Perroquet, cakatoès, ara.	Thon, amie, rouget, perlon.
—	Lapin, lièvre, levraut.	Autruche, outarde, casoar.	Mulet, surmulet, trigle.
~	Marmotte, écureuil, *petit gris.*	Bécasse, sultane, piette.	Saumon, truite, - saumonnée.
£	Cochon d'Inde, paresseux.	Oie, cygne, canard, eyder[3].	Eperlan, aiguille, lavaret.
ι	Hérisson, porc-épic.	Cigogne, héron, grue, ibis.	Brochet, alose, vaudoise.
C	Rat, souris, mulot, taupe.	Foulque, grèbe, maquereuse.	Carpe, barbeau, tanche, hareng
C	Singe, sapajou, orang-outang.	Sarcelle, pélican, flamand.	Sardine, goujon, anchois.
—	*An. de proie, lion, panthère.*	Aigle, faucon, milan, vautour.	AMPHIBIE, castor, loutre.
~	Tigre, léopard, ours, hiène.	Autour, épervier, gerfaut.	Phoqᵉ, hippopotame, lamantin
£	Loup, loup cervier, renard.	Sacre, buse, harpaie, orfraie.	Tortue, caméléon, crocodile.
ι	Sanglier, civette, blereau.	Corbeau, corneille, émérillon.	Grenouille, *crapaud* [6].
C	Furet, loir, belette, fouine.	Hibou, duc, chat-huant.	*Alcyon, cravan, pingouin.*
C	Hermine, marte, - zibeline.	Chouette, *chauve-souris.*	*Caviar, boutargue, colle.*

PETIT NOMENCLATEUR. *IIIe Cadre.*

ANIMAUX Insectes, Vers, Reptiles, Coquilles, Monstres fabuleux.	PARTIES, Génération, Produit, Déjections, Accidens.	PATURE, Cris, Actions, État.	L
ℓ ou ꜱ	ꜱ ou ꜱ	ꜱ ou ꜱ	
Insecte, cerf-volant.	Gueule, bouche, groin.	Faim, avidité, goulu, glouton.	
Scarabé, hanneton, *man.*	Hure, museau, mufle.	Pâture, repaître, *ruminer.*	
Foulon, ver luisant, luciola.	Trompe, naseau, *nasiller.*	Brouter, ronger, gru-, croquer	
Charançon, cantharide,	Défense, ivoire, aiguillon.	Haper, gober, dévor-, engloutir	
Perce-oreille, blatte.	Corne, bois, antène, andouiller	Mangeaille, curée, proie.	
Grillon, criquet, scorpion.	Babine, bajoue, poche.	Voracité, carnacier, carnage.	
Cigale, *chant de -*, sauterelle.	Crin, crinière, poil, - ras.	Murmure, gasouiller, ramage.	
Puceron, kermès, cochenille.	Soie, laine, toison, bourre.	Cri, pioler, siffler, glousser.	
Teigne, testard, *larve.*	Peau, cuir, pelleterie.	Gronder, renifler, grogn. [13]	
Chenille, *chrysalide, nymphe*	Poitrail, encolure, fanon [9]	Bourdonner, ronfler, grincer.	
Papillon, - *ner*, demoiselle.	Jabot, gésier, bésoard.	Aboi, glapir, croasser, mioler.	
Fourmi, - *lière*, fourmi-lion.	Paturon, sabot, fourchu.	Hurler, mugir, hennir, braire.	
Abeille, frelon, guêpe.	Crête, hupe, aigrette.	Piquure, morsure, pincer.	
Mouche, - ron, taon, bourdon	Aile, aileron, envergeure.	Lécher, sucer, laper.	
Cousin, maringouin.	Plume, -mage, - met, panache	Hoquet, pet, - tarade, vesse.	
Vermine, pou, *lente.*	Bec, *bequeter, abéquer.*	Bloti, tapi, acroupi, ratatiné.	
Puce, punaise, morpion.	Patte, serre, griffe, pince.	Roulé, traîné, pataugé, vautré.	
Ciron, mitte, cosson.	Rable, croupion, queue, roue	Grater, creusé, enfoncé, -fouir.	
Araignée, faucheur, tarentule	Ouïe, évent, nageoire.	Saut, - tiller, bond, fringuant.	
Cloporte, mille-pieds.	Ecaille, test, galucha.	Dispos, pétulance, turbulent.	
Ecrevisse, homard, crabe.	Arrête, épine, crochet [10].	Cabrer, caracole, courbette.	
Crevette, sang-sue, loche.	Croupe, *recourbé, tortueux.*	Ruade, saccade, soubresaut.	
Ver, - *à soie, - solitaire* [7]	Tache, mouche, - ture, maille	Piaffer, piétiner, trépigner.	
Polype, *corail, madrépore.*	Conque, orient, diaprure.	Course, trot, amble, galop.	
Reptile, serpent, couleuvre	Soie [11], fil, toile, cocon.	Gravir, grimper, monter.	
Vipère, aspic, lézard, salamdre	Portée, ventrée, ponte, *mis bas*	Hucher, juch-, perch-, acrocher	
Coquille, - age, limaçon.	OEuf, ovaire, jaune, frai.	Elancé, élan, franchir, percer.	
Buccin, pourpre, pucelage.	Petit, poussin, poulin [12].	Heurter, culbute, dégringoler.	
Huitre, moule, petoncle.	Nid, nichée, aire, gîte.	Ramper, glisser, serpent-, rod-	
Oursin, burgau, nacre, perle.	Couvée, éclore, pulluler.	Essor, vol, voltiger, planer.	
Monstre, grison, sphynx.	Déjection, crasse, excrément	Remuer, grouiller, frétiller.	
Centaure, hippo-, minotaure.	Crote, fiente, chiure, pissat.	Hocher, dressé, hérissé, *agacer*	
Pégase, hippogriffe, licorne.	Morve, gourme, bave, venin.	Frayer, fouiller, trouer, fourrer	
Satyre, syrène [8], harpie.	Clavelée, morfond-, fourbure	Nager, sur-, *plonger, abymer.*	
Phénix, basilic, linx, dragon	Courbature, pousse, farcin, fy.	Mue, chaleur, rut, accoupler.	
Cerbère, ogre, vampire.	Tripe, carcasse, charogne.	Gourd, engourdi, crever [14].	

<table>
<tr><td>IVe CADRE.</td><td colspan="4" align="center">PETIT NOMENCLATEUR.</td></tr>
</table>

ℒ	HOMME PHYSIQUE, PARTIES, TÊTE.	MEMBRES, VISCÈRES, SEXE, GÉNÉRATION.	AGE, COULEUR, BESOINS, COMPLEXION, DÉFAUTS.
	— ou /	∼ ou ✗	ℒ ou ᔦ
—	Homme, human., genre h. [1]	Cou, gosier, gorge, gorgée.	Naissance, natif, mort-né.
∼	Corps, tronc, corpulence.	Sein, gorge, teton, mamelle.	Vie, âge, bas -, âge avancé.
ℒ	Stature, *géant*, hommasse.	Lait, tetine, teter, sevrer.	Enfance, - tillage, puérilité.
ᔦ	Membre, organe, - isation.	Epaule, clavicule, omoplate.	Virgini -, puber -, nubilité.
Ƈ	Viscère, membrane, taie.	Aisselle, sous l'-[3], gousset.	Adolescence, jeunesse, raj -.
Ɛ	Jointure, ligature, tégument.	Bras, os du -, avant-bras.	Virilité, vieillesse, caducité.
—	Os, ossement, rotule, capsule.	Coude, *accoudé*, *coudoyé*.	Blond, roux, châtain.
∼	Périoste, moële, synovie.	Poignet, poing, poignée.	Brun, olivâtre, basané.
ℒ	Nerf, tendon, fibre, houpe.	Main, - droite, - gauche.	Nègre, mulâtre, métis.
ᔦ	Muscle, cartillage, glande.	Paume, revers, empan.	Pâleur, blême, blaffard.
Ƈ	Artère, veine, vaisseau.	Doigt, pouce, index, orteil.	Velu, crépu, moutonné.
Ɛ	Saug, sanglant, caillot, chyle.	Ongle, *onglée*; phalange.	Grison, barbon, chauve.
—	Humeur, lymphe, sérosité.	Poitrine, poumon, *pulmonie*.	Besoin, appétit, boulimie.
∼	Flegme, glaire, pituite.	Cœur, valvule, circulation.	Soif, altéré, *étancher*.
ℒ	Chair, graisse, *gras*, sueur.	Palpiter, pulsation, pouls.	Inanition, exténuation.
ᔦ	Peau, *tanne*, *vérue*, *fic*.	Estomac, *bouche de l'*, nombril	Epuisement, défaillance.
Ƈ	Cheveu, chevelure, poil.	Ventre, bas-, aine, flanc.	Aliment, nourriture, -rissant.
Ɛ	Barbe, duvet, croc, moustache.	Taille, corsage, ceinture.	Substanter, subsistance.
—	Tête, chef, crâne, occiput.	Entraille, intestin, boyau.	Complexion, tempérament.
∼	Cerveau, cervelle, *écervelé*.	Foie, rate, rein, vessie.	Force, vigueur, puissant.
ℒ	Front, tempe, *ride*, *rider*.	Fiel, bile, atrabile [4].	Fraîcheur, embonpoint, dodu.
ᔦ	Face, figure, visage, trogne.	Urine, urètre, verge, pénil.	Fluet, chétif, maigre, hâve.
Ƈ	Physionomie, trait, air.	Gland, prépuce, testicule.	Foible, consomption, décrépit.
Ɛ	Mine, moue, grimace.	Matrice, vagin, règles.	Défaut naturel, infirmité.
—	OEil, prunelle, iris, rétine.	Epine, échine, dos.	Myope, berlue, albugo.
∼	Paupière, cil, cligner.	Vertèbre, côte, lombe.	Louché, bigle, borgne, éraillé.
ℒ	Larme, pleur, chassie.	Cul, fesse, fondement, anus.	Aveugle, - ment, *cataracte*.
ᔦ	Sourcil, *sourciller*, *froncer*.	Cuisse, genou, *flexion*, jarret.	Sourd, surdité, ouie dure.
Ƈ	Nez, narine, *roupie*.	Jambe, mollet, cheville.	Bègue, balbutier, grasseyer.
Ɛ	Oreille, tympan, lobe.	Pied, cou de -, plante, talon.	Muet, rendre -, sans langue.
—	Bouche, palais, salive.	Sexe, masculin, féminin.	Mutilation, estropié, moignon
∼	*Crachat*, *crachement*, *mucus*.	Génération, conception.	Manchot, d'un bras, des deux
ℒ	Machoire, gencive, lèvre.	Fétus, embryon, faux germe.	Cagneux, piébot, boiter, cloch.
ᔦ	Dent [2], chicot, alvéole, *agacé*	Grossesse, enceinte, gestion.	Engoncé, voûté, bosse, bossu.
Ƈ	Langue, luette, amygdale.	Couché, fausse -, avorton.	Bancale, bancroche, cul de jate
Ɛ	Joue, teint, rougeur, incarnat.	Garçon [5], jumeau, de 3.	Rachitis, nouure, trapu, nain.

PETIT NOMENCLATEUR.   IVe CADRE.

HOMME PHYSIQUE. FACULTÉS, SENS, USAGE.	ACTES, ACTIONS, ÉTATS VOLONTAIRES.	MAUX, INDISPOSITIONS, MALADIES, MORT.
ℓ ou ʃ	C ou ꜿ	ℭ ou Ə
Faculté, sens[6], -en action.	Activité, agile, ingambe.	Mal, maladie, attaque, accès.
Tact, toucher, palper, tâter.	Adresse, dextérité, acte, action	Incommodité, indisposition.
Vue, coup-d'œil, regard, lorgné	Viser, tendre, aboutir, but?	Engelure, échaubou-, empóule
Ouïe, entendre, écouter.	Tentative, essai, début.	Démanger, cuisson, élancemt.
Odorat, sentir, flairer.	Atteindre, saisir, prise.	Erysipèle, gale, teigne, dartre.
Goût, avant-, goûter, savourer.	Avoir, tenir, retenir, garder.	Fièvre, inflammation, crise.
Haleine, souffle, essoufflé[7].	Manier, tourner, patiner.	Bouton, pustule, panaris.
Respiration, aspirat-, humer.	Tiré, ôté, enlevé, retranché.	Dépôt, abcès, pus, suppurer.
Soupir, sanglot, râle.	Lever, relever, soulever.	Aphte, chancre, fistule, ulcère.
Flatuosité, vent, rot.	Amasser, ramasser, recevoir.	Cancer, gangrène, sphacèle.
Voix, inflexion, accent.	Soutenir, porter, supporter.	Pte vérole, rougeo-, pourpre[8]
Cri, exclamat-, aclamation.	Mettre, placer, ranger, arr-.	Peste, contagion, épidémie.
Silence, taire, taciturnité.	Poser, dép-, imp-, exposer.	Fluxion, migraine, enchifrené.
Rire, sourire, éclat, pouffer.	Apposer, adapter, appliquer.	Catarre, grippe, coqueluche.
Baiser, baisoter, *baise-mains*.	Appuyer, adosser, asseoir.	Rhume, enrouement, toux.
Chatouiller, -illeux, *stimuler*.	Ajouter, accoller, ajuster.	Pleurésie, esquinancie, asthme
Bayer, bâiller, éternument.	Disposer, prédisp-, préparer.	Rhumatisme, goutte, sciatique
Tinter, éblouissemt, offusqué.	Couvrir, caché, clôre, fermé.	Néphrétisme, phtysie, étisie.
Attitude, posture, prestance.	Découvrir, ouvrir, montrer.	Flux, hémorragie, hémorroïde.
Maintien, port, contenance.	Jetter, rejetter, chasser.	Perte, fleurs bl., incontinence.
Tournure, manière, façon.	Asséner, lancer, expulser.	Dévoié, diarrhée, dyssenterie.
Signe, geste, -ticulation, *allure*	Bouger, broncher, trébucher.	Colique, tranchée, *choléra*[9].
Embrassemt, accolade, étreinte	Marche, aller, se rendre (à).	Chlorose, jaunisse, hypocondre
Exercice, las, fatigue, harassé.	Entrée, introduction, enfermé.	Enflure, hydropisie, tympanite
Régime, diète, jeûne.	Venir, sur-, par-, arrivée.	Rétention, suppress-, oppres-.
Manger, mâcher, avaler.	Mener, conduite, diriger.	Constipation, épreinte.
Boire, boisson, breuvage.	Rencontre, trouver, recouvrer.	Nausée, rapport, vapeur.
Déjeûn-, dîner, goûter, souper	Parcourir, avancer, achever.	Etourdir, évanouir, syncope.
Repas, raffraîchir, restaurer.	Passer, devancer, dépasser.	Spasme, crampe, convulsion.
Réfection, réplé-, repu, saoul.	Sortie, retraite, exclusion.	Tétanos, épilepsie, apoplexie.
Digestion, indigest-, déboire.	Promenade, tour, détour.	Tumeur, goitre, loupe, squirre
Assoupir, sommeil, sieste.	Laisser, lâcher, quitter.	Ecrouelle, scorbut, lèpre, ladre
Rêve, songe, cochemar.	Recul, rebrousser, rétrograde.	Vérole, gonorrh-, virus, bubon
Réveil, éveiller, veiller.	Fuite, évasion, esquiver.	Paralysie, asphixie, léthargie.
Santé, sain, se porter.	Arrêter, demeurer, séjourner.	Agonie, expirer, trépas, mort.
Rétablissemt, convalescence.	Coucher, -chée, gisant, étendu	Décès, défunt, feu, cadavre[10]

V.e Cadre. **PETIT NOMENCLATEUR.**

C		HOMME SENSIBLE ET MORAL. DISPOSITIONS, PENCHANS.	PASSIONS DOUCES ET FORTES.	DÉFAUTS, VICES.
		— ou /	∾ ou ✗	ℒ ou ʎ
—	—	Disposition, tendance.	Passion, passionner.	Défaut, vice, abus.
	∾	Inclination, enclin.	Agacerie, provocation.	Excès, extrême, outré.
	ℒ	Penchant, pente, porté.	Flatter, adulation, patelin.	Oisiveté, loisir, paresse.
	Ɫ	Aptitude, vocation, fait pour.	Flagorner, cajoler, enjoler.	Mollesse, *lambin*, calin.
	C	Avoir à, n'avoir qu'à.	Courtiser, en conter, sigisbé.	Fénéant, *gueux*, *truand*.
	Ɠ	*Aller, devoir, savoir* [1].	Galanterie, coquetterie.	Lâche, poltron, couard.
∾	—	En venir à, se mettre à.	Amour, amant, favori.	Niais, benêt, idiot, nigaud.
	∾	Ne pas laisser de [2].	Attrait, appas, grâce.	Gaucherie, maladresse.
	ℒ	Bon à, propre à, destiné à.	Charme, charmé, féru.	Emprunté, malautru.
	Ɫ	Préparation, préparatif.	Tendresse, attendrissement.	Butord, balourd, jocrisse.
	C	Promettre, menace, penser [3]	Eprendre, enflammer, feu.	Imbécillité, stupidité.
	Ɠ	Facile, aisé, prompt, faillir à.	Ardeur, ferveur, fougue.	Hébété, bêtise, *animal*.
ℒ	—	Se faire un plaisir de.	Privauté, liberté, caresse.	Etourdi, écervelé, *timbré*.
	∾	Se faire un devoir de.	Enchantement, ravissement.	Inconsidéré, crânerie, fêlé.
	ℒ	Se faire un honneur de.	Transport, éperdu, raffoler.	Affectation, afféterie, fade.
	Ɫ	S'étudier à; soin, assiduité.	Enivrement, ivresse, extase.	Fatuité, pruderie, bégueule.
	C	Curiosité, curiosité [4].	*Faveur, congrès, charnel*.	Damoiseau, muguet, mignon.
	Ɠ	Espoir, espérance, attente.	Enerver, impuissance.	Petit-maître, freluquet.
Ɫ	—	Confiance, compter, -sur.	Exigeance, importunité.	Vanité, suffisant, avantageux.
	∾	Confier, livrer, abandonner.	Regret, reproche, rebut.	Important, forfanterie.
	ℒ	Accommodant, liant.	Ombrage, bouderie.	Jactance, vanterie.
	Ɫ	Compatibilité, assortir.	Débat, démêlé, contestation.	Fanfaronnade, gasconnade.
	C	Empressement, épanchement.	Dispute, querelle, altercation.	Incartade, équipée.
	Ɠ	Sympathie, attachement.	Scène, brouillerie, rupture.	Brêteur, tapageur, brouillon.
C	—	Nonchalance, indolence.	Rapprochement, renouer.	Sournois, cauteleux, duplicité
	∾	Incapacité d'attachement.	Raccommoder, réconcilier.	Mal, malice, malignité.
	ℒ	Inconstance, volage.	Amour-propre, égoïsme.	Mauvais, méchanceté.
	Ɫ	Futilité, frivolité, colifichet.	Nature, sang, entraille.	Médisance, *causticité*.
	C	Vétille, minutie, fadaise.	Amour pat-, mat-, -fraternel.	Délation, sycophante.
	Ɠ	Baliverne, bagatelle, *rien* [5].	Amitié, ami, cher, chérir.	Mensonge, fourbe, calomnie.
Ɠ	—	Dégoût, détachem.t, détourné.	Etonnement, surprise, ahuri.	Aigrefin, escogriphe, croc.
	∾	Eloignement, aversion.	Imposant, frappant, interdit.	Brusque, bourru, brutal.
	ℒ	Répugner, grippe, prendre en-	Admirer, émerveiller.	Débauche, libertinage, crapule
	Ɫ	Repousser, écarter, éloigné.	Respect, révérer, vénérer.	*Gourmand, friand, ivrogne*.
	C	Appréhension, redouter.	Adorer, idole, idolâtrie.	Hypocrite, tartufe, cafard.
	Ɠ	Antipathie, incompatibilité.	Superstition, fanatisme.	Impudent, effronté, cynisme.

PETIT NOMENCLATEUR.

Ve Cadre.

PASSIONS HAINEUSES OU FUNESTES.	FAUTES, CRIMES ET EFFETS.	VERTUS ET EFFETS.	C
Ɩ ou Ɩ	**C ou Ɔ**	**C ou Ɔ**	
INDISPOSITION, aliéner.	FAUTE, péché, délit, crime.	VERTU, honnêteté, bien.	
Noise, pique, se piquer.	Commettre, coupable.	Morale, moralité, mœurs.	
Choquer, estomaquer, fâcher.	Flagrant délit, corps de délit.	Conscience, for, scrupule.	
Récalcitrer, gendarmer.	Forfait, attentat, horreur.	Se faire scrupule de.	
Bouquer, *fumer*, pester.	Scélératesse, abomination.	Délicatesse, timoré.	
Nique, nargue, bravade.	Complicité, récidive.	Obligation, devoir, mérite.	
Orgueil, superbe, altier.	Fripon, escroc, filou.	Innocence, candeur.	
Fierté, hautain, arrogance.	Bandit, vaurien, schnapan.	Simplicité, simplesse.	
Morgue, rogue, targuer.	Coquin, brigand, faussaire.	Naïveté, ingénuité, *agnès*.	
Fausse gloire, présomption.	Vol, larcin, dérober, ravir.	Bonne-foi, sincérité.	
Ambition, ostentation.	Rapine, dévaliser, pillage.	Droiture, *rond*, franchise.	
Insolence, impertinence [6].	Dépouille, - er, détrousser.	Véracité, véridicité.	
Injure, invective, insulte.	Vexation, concussion.	Probité, équité, justice.	
Offensé, affront, outrage.	Déprédation, extorsion.	Intégrité, impartialité.	
Rebuffade, conspué, avanie.	Malversation, prévarication.	Foi, fidélité, loyauté.	
Dépit, irritation, endêver.	Violation, violence.	Désintéressement, *gratuit*.	
Colère, courroux, rancune.	Infester, désoler, dévaster.	Galant homme, - d'honneur.	
Ressentiment, ulcéré.	Ravage, saccagement.	Aumône, charité, charitable.	
Haine, inimitié, ennemi.	Sédition, rébellion, révolte.	Modération, *contenir*.	
Détestation, exécration.	Félonie, perfidie, trahison.	Retenue, réserve, mesure.	
Horreur, abhorrer.	Boute-feu, incendie, - aire.	Discrétion, circonspection.	
Indignation, emportement.	Homicide, meurtre, assassinat	Prudhomie, précaution.	
Fureur, rage, imprécation.	- de père, - mère, - fils, - frère.	Soin, soigneux, diligence.	
Animosité, acharné vengeance	Suicide, régicide, déicide.	Vigilance, surveillance.	
Concupiscence, convoitise.	Fornication, prostitution.	Tempérance, *appaiser*.	
Luxure, lubricité, lasciveté.	Concubinage, fille de joie.	Frugalité, sobriété.	
Obscénité, vilenie, paillard.	Pollution, onanisme.	Pudeur [7], pudicité, pureté.	
Effréné, dévergondé.	Rapt, viol, défloration.	Chasteté, continence.	
Jalousie, envie, envier.	Adultère, adultérin, inceste.	Réforme, correction.	
Cupidité, avarice, sordidité.	Sodomie, pédérastie.	Abstinence, austérité.	
Crainte, peur, effroi.	Dépravation, perversité.	Modestie, *pudeur*, humilité.	
Frayeur, épouvante, terreur.	Irréligion, impiété.	Prudence, sagesse, sage.	
Terreur panique, stupéfaction	Profanation, sacrilège.	Exemple, édification.	
Pénaud, transe, souleur.	Scandale, scandaliser.	Dignité, libéral, noblesse.	
Repentir, remords.	Parjure, apostasie, renégat.	Honneur, point d' -, gloire.	
Désespoir, énergumène.	Honte, turpitude, ignominie.	Illustre, auguste, majesté.	

The rightmost narrow column contains stenographic symbols repeated for each group of lines.

VIe Cadre. — PETIT NOMENCLATEUR.

C	HOMME SOCIAL. Famille, Alliance, Domestique.	RAPPORTS SAUVAGES.	PREMIER LIEN SOCIAL.
	— ou ⁄	∾ ou ⁄	£ ou λ
—	Famille, consanguinité.	Sauvage, errer, nomade.	Attirer, appeler, accès.
∾	Parenté, agnat, cognat.	Vagabond, fugitif, épave.	Entrevue, envisager.
£	Ascendance, prédécesseur.	Solitaire, isolé, seul.	Aboucher, pour-parler.
ζ	Descendance, extraction.	Désœuvrement, oisiveté.	Chuchoter, marmoter.
C	Lignée, race, issu, degré.	Grossier, rustre, farouche.	Parler, dire, propos.
ℂ	Postérité, généalogie.	Privation, privatif, dénué.	Causer, jaser, caquet.
—	Paternité,-nel, maternité,-nel	Inconvénient, accident.	Babil, bavard, hableur.
∾	Ayeul, bis -, tris -, quadris -.	Déconvenue, désordre.	Discours, entretien.
£	Ancétre, patriarche.	Danger, péril, péricliter.	Conversation, conférence.
ζ	Fils, petit -, arrière petit -.	Besoin, nécessité, détresse.	Dialogue, colloque.
C	Fraternité, - de père, - de mère.	Disette, famine, manquer.	Question, réponse.
ℂ	Ainesse, puiné, cadet, posthu.	*Pétun, enfumé, boucané.*	Verbiage, rabâcher.
—	Collatéral, oncle, - pat., - mat.	Bisbille, rumeur, rise.	Présence, présentation.
∾	Grand oncle, - pat., - mat.	Criaillerie, égosiller.	Assister, spectateur, auditeur.
£	Neveu, fils de frère, - de sœur.	Dissention, algarade.	Connoissance, *faire -, - de vue.*
ζ	Petit-neveu, arrière -.	Tapage, tumulte, train.	Compagnie, *tenir -, faire -.*
C	Cousin, - germain, issu de -.	Clameur, brouhaha, charivari.	Accompagner, compagnon.
ℂ	Petit cousin, à la mode de Bret.	Tintamarre, vacarme.	Camarade, collègue.
—	Alliance, mésall -, allié.	Menace, voie de fait.	Voisin, - age, voisiner.
∾	Beau-père, gendre [1].	Coup, - de poing, - pied, - tête.	Visite, *faire -, recevoir -.*
£	Beau-frère, - de frère, - de sœur.	Nazarde, chiquenaude.	Voir, abord, accès, accueil.
ζ	Mariage, bigamie, poli -.	Tape, taloche, claque.	Recherche, fréquenter, hanter
C	Fiançaille, accord -, noce.	Soufflet, fessée, sangler.	Familiarité, intimité [3].
ℂ	Divorce, répudier, célibat.	Egratignure, écorchure.	Bienvenue, bien reçu.
—	Epoux, mari, nouveau-marié.	Tiraillé, houspillé, harcelé.	Absence, *douleur de l' -.*
∾	Progéniture, nouv.-né, 1er né.	Battre, batterie, frapper.	Inviter, convier, convive.
£	Fils, filleul, enfant, - *gâté.*	Rosser, maltraiter, fouailler.	Rendez-vous, réception.
ζ	Bambin, marmot, poupon.	Dévisager, défigurer.	Régal, banquet, festin.
C	Papa, compère, parrain.	Aterrer, terrasser.	Bombance, orgie.
ℂ	Nourrice, - sson, frère de lait.	Froisser, fouler, - aux pieds.	Trinquer, toast, santé.
—	Maison, ménage, chef.	Ecraser, éventrer.	Don, cadeau, présent.
∾	Domesticité, gens, service.	Etranglé, suffoqué, étouffé.	Réciprocité, mutuel.
£	Valet, de chambr., de pied [2]	Démentibuler, démembrer.	Confidence, intellig -, révélé.
ζ	Duègnat, bonne, mentor.	Dépécer, déchiqueter.	Hôte, hospitalité, parasite.
C	Education, préceptorat.	Empifrer, gorger, goulu.	Confraternité, tessère [4].
ℂ	Veuvage, orphelin, bâtard.	Assouvir, antropophagie.	Horde, cacique, calumet.

PETIT NOMENCLATEUR. *VIe Cadre.*

SOCIÉTÉ. Avantages, Agrémens, Effets.	SOCIÉTÉ. Désagrémens, Correctifs.	ACTES CIVILS.	C
Ꞇ ou Ɉ	**Ꞓ ou Ꞔ**	**Ꞓ ou Ꞔ**	
Société, sociabilité.	Commérage, clabaudage.	Pacte, traité, acte, titre.	
Etablissement, demeure.	Dits, redits, cailletage, tripo -	Contrat , - synallagmatique.	
Sédentaire, casannier.	Intrigue, cabale, mic-mac.	Composer, accommodement.	
Emménager, impatroniser.	Brigue, machiner, menée.	Accord, arranger, stipuler.	
Cohabitation, commensal.	Pointillerie, esclandre.	Clause, articulé, spécial.	
Aide, secours, subvenir.	Chamailler, pétaudière.	Implicite, explicite.	
Occupation, travail, labeur.	Niche, tour, espiéglerie.	Droit, validité, légitimité,	
Industrie, manutention.	Tracasserie , remue-ménage.	Forme , - alité, légalisation.	
Besogne , affaire, avoir -.	Tracas, persécution.	Attesté, ratifié, certificat.	
Pratiquer, exercer, opérer.	Guet-à-pens, mauvais parti.	Document, errement.	
Art, métier, profession.	Passe-droit, empiéter.	Procuration, pouvoir, plein -.	
Etat, fonction, condition.	Supplanter, congé, chasser.	Justice, d'office, officiel.	
Civilisation, civilité.	Gredin, pied-plat, grigou.	Vice-, sous-, co-, contre-[6].	
Politesse, compliment, - té.	Bélître, faquin, polisson.	Tutelle, *tutélaire*, pupile.	
Inclination, salut, révérence.	Racaille, canaille, garnement.	Curatelle, gestion.	
Se couvrir, se découvrir.	Aventurier, parvenu.	Emancipation, manumission.	
Façon, procédé, *en user* [5].	Singulier, hétéroclite, étrange	Institution, fondation, - dé.	
Savoir-vivre, se formaliser.	Mesquin, vilain, taquin.	Adjonction, installation.	
Loisir, commodité, aise.	Ridicule, ricaner, persiffler.	Immunité, franchise.	
Aisance, tournure, urbanité.	Simagrée, minauderie.	Prérogative, privilège.	
Monter -, tenir maison.	Défaite, échappatoire.	Maîtrise, jurande, corps.	
Faire les honneurs (de).	Guignon, dupe, disgrace.	Vaquer (à), vacation.	
Traiter, héberger, goberger.	Fâcheux, importunité.	Substitution, subrogation.	
Choyer, dorloter, mignardise.	Cocuage, tympanisé.	Démission, destitution. .	
Assemblée, cercle, cotterie.	A charge, onéreux, dol.	Procès-verbal, inventaire.	
Bande, séquelle, clique.	Funeste, sinistre, revers.	Régître, protocole, pièce.	
Foule, presse, cohue, commun.	Décadence, ruine, pauvreté.	Réclamation, récrimina -.	
Pension , - nat, - naire.	Infortune, misère, peine.	Contentieux, procès, - dure.	
Écot, pique-nique.	Indigence, mendicité, gueux.	Cause, plaidé, - doyer, chicane	
Table ouverte, - d'hôte.	Fléau, calamité, catastrophe.	Clientelle, patronage.	
Secondé, conniver, favori, -sé	Avis, leçon, repris, tansé.	Citer, signifier, sommer.	
Succès , issue, fin, réussite.	Remontrance, réprimande.	Action, se pourvoir, exploit.	
Fortune, bonne -, aventure.	Grondé, gourman -, morigéné.	Dénonciation, déposition.	
Accrédité, vogue, mode.	Secret, mystère, *incognito*.	Audition, témoignage.	
Comme il faut, bon-ton.	Défense, protection, soutien.	Confronter, récolement.	
Divulgué, vulgaire, trivial.	Concilier, réparation.	Médiation, réintégration.	

PETIT NOMENCLATEUR.

VIIe Cadre.

MÉTIERS VESTIAIRES [1]. Laine, Fil, Gorde, Soie, Tissu, Peaux.	LINGE, Toile, Napage, Linceul.	HABIT, Bonnet, Chaussure, Vêtemens religieux.
— ou /	∽ ou ✗	ℒ ou 𝔄
Tonte, maque, seran, - cer.	Linge, -uni, -ouvré, -piqué.	Nudité, couvrir, revêtir.
Carde, - der, arçon, brouir.	Toile, d'emballage [2], écrue.	Habit, habillement, vêtement.
Roui, étoupe, filasse, peignon.	Cretonne, - Frise, - Hollande.	Accoutrement, ajustement.
Fil, filament; chenevotte.	Coutil, basin, linon, batiste.	Déshabillé, négligé, frac.
Quenouille, fuseau, écagne.	Perse, indienne, cotonnille.	Veste, soubreveste, saye.
Tour, échignole, écheveau.	Organdy, - gagis, mousseline.	Culottes, haut de chausses.
Filature, tordre, retordre.	Layette, lange, maillot.	Ceinture, - turon, ceindre.
Rouet, moulinet, bobine.	Couche, taie, bandé, braie.	Casaque, - quin, pet en l'air.
Tortis, tortillon, tortiller.	Mouchoir, - de cou, *moucher*.	Manteau, mante, mantelet.
Nœud, nouer, enture.	Bavette, coller-, mantonière.	Cape, capotte, sur-tout.
Abouter, attache, enlacer.	Blaude, blouse, jaquette.	Redingotte, houpelande [3].
Dévider, peloton, mêler.	Fourreau, tunique, *lingerie*.	Robe, cafetan, doliman.
Corde, - derie, cordé, funin.	Chemise, jabot, épaulette.	Fourrure, palatine, vair.
Bitord, émérillon, livarde.	Manche, - chette, poignet.	Pelisse, vitchoura, manchon.
Filerie, ficelle, ficeller.	Tour de cou, - gorge, col.	Bouton, - nière, - boutonner.
Hansière, torou, lusin.	Cravatte, fraise, fichu.	Busc, bourrelet, garniture.
Cordage, échelle de c., cable.	Collet, - monté, rabat.	Endroit, envers, doublure.
Corde à boyau, chanterelle.	Voile, faye, schalle.	Garderobe, trousseau, nipe.
Soie, - écrue, - grège.	Coëffe, coëffure, béguin.	Calotte, bonnet, chaperon.
Soierie, organcin.	Cornette, bavolet, guimpe.	Capuchon, coqueluchon.
Filoselle, bourre, *ouatte*.	Serre-tête, bandeau, frontaux.	Toque, barette, turban.
Epluchure, décatir.	Camisole, brassière, gilet.	Chapeau, - retapé, - clabaud.
Epoulin, charger l'époulin.	Pourpoint, juste-au-corps.	Mitre, mortier, tiare.
Cordon, - net, - ner, lacet.	Corps, corset, corselet.	Echarpe, ganse, retroussis.
Tisseran, ourdir, tissu.	Jupe, jupon, cotillon.	Chaussure, sandale, patin.
Navette, lame, tremble.	Tablier, panier, vertugadin.	Sabot, galoche, soque, échasse.
Chasse, marche, liais.	Calçon, chausse, pantalon.	Soulier, escarpin, savatte.
Ensuble, mettier, - battant.	Bas, chaussette, -son, guêtre.	Boucle, chape, ardillon.
Chaine, trame; lisse, haute-.	Sareau, sousquenille.	Gant, miton, mitaine.
Foulon, - lage, capade, feutre.	Peignoir, robe de chambre.	Besace, havre-sac, valise.
Pelleterie, péaussier.	Serviette, nape, napage.	Soutanne, surplis, chasuble.
Tan, tanner, motte, quiosse.	Essuie-main, torchon, lavette.	Chape, rochet, dalmatique.
Dégras, drayé, sippé, plaine.	Touaille, chiffon, guenille.	Camail, aumusse, étole.
Cuir, - vert, - roussi; passer.	Pièce, loque, lambeau.	Simare, toge, laticlave.
Mégisserie, hongr-, corroyer.	Drap, coussinière, tavaïole.	Froc, cilice, scapulaire.
Chamois, basane, maroquin.	Poile, linceul, suaire.	Défroque, dépouille.

PETIT NOMENCLATEUR.   *VIIe CADRE.*

MÉTIERS VESTIAIRES. ÉTOFFES, PARTIES.	COUTURE, TAILLEUR, TRICOTAGE, CORDONNIER, SAVETIER.	BLANCHISSAGE, RAISONS, ACTIONS ET MOYENS DE NÉTOYER.	
Ɫ ou Ɉ	Ɠ ou Ɔ	Ɛ ou Ɜ	
Étoffe, bure, cadis.	Couture, aiguille, dé.	Saleté, souillure, tache.	
Moleton, flanelle, serge.	Enfilé, passé, poussé, tiré.	Crotte, boue, éclaboussure.	
Camelot, étamine, calmande.	Point, - perdu, arrière -.	Gâté, terni, pollution.	
Drap, - de Silésie, drapé.	Faufiler, bâtir, monture.	Mal-propreté, vilenie.	
Ratine, ratiné, pinchina.	Piquure, glacer, doubler.	Cochonnerie, saloperie.	
Panne, kersey, peluche.	Pincé, pli, repli, froncé.	Immonde, immondice, ordure.	
Futaine, croisé, droguet.	Ourlet, surjet, œillet.	Nétoyer, néteté, propreté.	
Atlas, cotonis, bouille -.	Ciseaux, coupure, découpure.	Epuré, purifié, pureté.	
Arains, mallemolle, kingan.	Echancrure, rognure, taillade.	Mondé, clarifié, affinage.	
Charmoy, tamavar, kermeas.	Cambrure, rétrécir, racourcir.	Frotter, graté, raclé, raclure.	
Chercolée, cirsacas, shaub.	Ajusté, agencé, ravaudage.	Ratissé, écuré, fourbi, torché.	
Baffetas, allégeas, pansis.	Morceau, pièce, fond, pointe.	Brosse, vergette, épousseté.	
Tunkin, gingiras, nillas.	TAILLEUR, mesure, carreau.	Aspersion, ablution, mouillé.	
Nankin, pinasse, tépis.	Baleine, moule, pannier.	Humecté, rincé, rinçure.	
Biambonnée, siamoise.	Basque, pan, patte, pont.	Lavé, lavement, guérer.	
Cherconnée, sayas, sultes.	Poche, gousset, brayette.	Trempé, baigner, masséré.	
Sersuker, longée, lansouque.	Parement, revers, bavaroise.	Bain, baignoire, douche.	
Lampasse, masulipatan.	Tourner, friperie, haillon.	Etuve, échaudé, débouilli.	
Gaze, - soufflée, crépon, crêpe.	TRICOTAGE, aiguille, jeu d'-.	Blanchissage, lessive [5].	
Taffetas, - d'Italie, - d'Anglet.	Afliquet, maille, reprise.	Dégraisser, détacher, délayé.	
Pou de soie, moire, - rure.	Point de couture, grain d'orge.	Savon, - vert, - marbré.	
Gros de Tours, - de Naples.	Remmailler, rentraiture.	Passer, brasser, battre.	
Péruvienne, Pékin, pekiné.	Coin, talon, bout de pied.	Amidon, empois, apprêt.	
Ras, - de S.-Maur, - de S.-Cyr.	Raccommodage, recarrelage.	Etreindre, épreindre.	
Montichicours, lampas.	CORDONNIER, forme, alêne.	Tirer, étirer, défirer, étendre.	
Damas, damasure, sysse [4].	Tranchet, buis, ligneul.	Essuyer, sécher, blancherie.	
Satin, satiné, broché, - ure.	Tirepied, manique.	Soude, potasse, terre bolaire.	
Velours, - ras, - ciselé.	Tranchefile, biseigle, trépoint.	Exposer, éventer, aérer.	
Velours de coton, moquette.	Contrefort, tirant, semelle.	Repassage, fer à repasser.	
Brocard, - cadelle, lamis.	Quartier, talon, éculé.	Rouler, ployer, serrer.	
Rae, rayure, ondé, *chiné*.	Empeigne, oreille.	Balayer, balayure, housser.	
Cannelure, gauffrure.	Mule, pantoufle, babouche.	Faubert, écoupée, escope.	
Lustre, glacé, cati, tabisé.	Botte, bottine, botte forte.	Goupil -, écouvillon, éponger.	
Eplaigné, cotoneux, soyeux.	Cothurne, brodequin, claque.	Ramonage, décrotage.	
Liseré, lisière, bord, bordé.	SAVETIER, ressemeler, bout.	Gachis, marbouillis, bourbier.	
Tête, pièce, aunage, coupon.	Lanière, courroie, béquet.	Gadoue, curage, vuidange.	

PETIT NOMENCLATEUR.

VI.IIᵉ CADRE.

PREMIERS ARTS. Agriculture.	CHASSE, Pêche, Boucherie.	RAPPORTS de l'homme aux animaux.
— ou ⁄	∿ ou ✗	ℒ ou ℒ
Agriculture, culture.	Chasse, pourchassé, quête.	Féroce, farouche, fougue.
Aridité, stérilité, friche.	Epier, guêter, dépister.	Dompté, apprivoisé, appaisé.
Campagne, -gnard, agreste.	Poursuite, talonné, traqué.	Dressé, élevé, formé, façonné.
Paysan, rustre, rustique.	Relancé, débusqué, aculé.	Mangeaille, pâtée, ratelier.
Défrichement, *jachère*.	Leurre, surprise, change [1].	Abreuvoir, auge, crèche.
Fécondité, -dation, fertilité.	Déniché, attrapé, capture.	Paire, couple, apparier.
Terroir, terrein, cru, fonds.	Appât, alléché, affriandé.	Essaim, troupeau, vol, troupe.
Terreau, sigilé, falum, marne	Appeau, embuche, piège.	Ruche, cage, volière, faisand.ie
Argile, fange, vase, bourbe.	Glu, glueau, pipée, piper.	Ecurie, étable, litière [3].
Motte, glèbe, tourbe, bière.	Filet, retz, lac, réseau.	Bercail, parc, parcage, pâtis.
Varenne, savanne, housche.	Toile, panneau, tonnelle.	Pacage, pâturage, paître.
Champ, -pètre, plaine, pièce.	Trébuchet, traquenard.	Entrave, chevêtre, empêtré.
Charue, soc, houe, herse.	Lancé, lâché, excité, piquer.	Musclière, caveçon, baillon.
Hoyau, bêche, pioche.	Meutte, ameuter, houryari.	Mors, - aux dents, bossette.
Rateau, fourche, trident, pêle.	Trace, battue, brisée, fourvoyé	Bride, bridé, licou, rêne.
Serpe, faulx, faucille, fléau.	Panetière, gibecière, pulvérin.	Joug, collier, sousventrière.
Labourage, fouille, façon.	Fauconnerie, vautrait.	Harnois, caparaçon, housse.
Engrais, fumier, couche.	Vénerie, vénaison, gibier.	Attelage, - de 2, de 4, de 6.
Sillon, guérêt, platte-bande.	Pêche, ligne, hameçon.	Bricole, laisse, longe, trait [4].
Jardin, -nage, potager, parterre	Filet, maillé, nasse, plomb.	Sangle, sanglé, croupière.
Gazon, pelouse, boulingrin.	Trémail, épervier, drège.	Selle, selle rase, troussequin
Arrosement, *dessèchement*.	Harpon, drague, gaffe.	Arçon, panneau, étrier.
Pré, prairie, pâturage.	*Marée*, chasse-marée, caque.	Eperon, molette, aiguillon.
Semer, parsemer, emblavure.	Séché, fumé, sauré, saumure.	Fouet, *étrivière*, houssine.
Planter, transplan-, pépinière.	Boucherie, viande, *gras*.	Panser, soigner, étrille, -er.
Espalier, treillis, treillage.	Tué, égorgé, assommé.	Pasteur, berger, -rie, houlette.
Treille, berceau, tonnelle.	Echaudé, écorché, découpé.	Pâtre, bouvier, ânier, cornac.
Taillis, futaie, baliveau.	Tranche, aiguillette, rouelle.	Enfourché, monté, monture.
Sarclé, ramé, échalas, récépé.	Eclanche, aloyau, filet.	Equitation, cavalier, piqueur.
Couvert, abri, cloche, serre.	Longe, côtelette, quartier.	Manège, hyppodrôme, harras.
Taille, coupe, élagué, étêté.	Gigot, jambon, couenne.	Traire, tirer, soutirer.
Greffe, enté, -té, marcotte.	Ris, fraisé, frésure, rognon.	Harrassé, énervé, éreinté.
Faner, faucher, moisson, -ner.	Boudin, saucisse, andouille.	Volte, voltiger, forcer [5].
Récolte, recueillir, cueillir.	Cervelat, mortad.lle, langue [2].	Ecourté, taillé, castration.
Botte, javelle, gerbe, meule.	Lard, suif, oing, saindoux.	Ménagerie, engraisser.
Vendange, grapiller, glâner.	Entrelardé, charcuiterie.	Maquignonage, vétérinaire.

PETIT NOMENCLATEUR. VIII.e CADRE.

ARTS ALIMENTAIRES. COMESTIBLES SIMPLES.	ALIMENS RECHERCHÉS. CUISINE, PATISSERIE, CONFITURES, BONBONS.	BOISSONS, ET ALIMENS RÉUNIS.
Ʊ ou Ȝ	Ϲ ou Ͻ	Ϲ ou Ͻ
Vivre, comestible, mets.	Cuisine, -ner, chère, bonne -.	Boisson, coup [7], rasade.
Lait, laitage, crème, caillé.	Victuaille, provision, pourvu.	Lamper, syroter, buvoter.
Beurre, bat -, *petit-lait*.	Préparation, assaisonnement.	Hydromel, hypocras, tisane.
Fromage, -Hollande, -Kamter.	Rôt, rôti, rissolé, brûlure.	Cidre, poiré, limonade.
-Parmesan, -Lodi, -Sœtemelk.	Grillé, grillade, carbonnade.	Amandé, orgéat, bavaroise.
-Brie, Roquefort, -Gruy.re [6]	Bouillir, étuvée, mitonné.	*Nectar, ambroisie, Lethé.*
OEuf frais, -à la coque, -dur.	Pot-au-feu, bouilli, bouillon.	Bière, petite bière, - forte.
- poché, -brouillé, -omelette.	Consommé, coulis, tablette.	Bière double, bière de mars.
Crême fouettée, blanc-manger.	Soupe, potage, oille, purée.	Porter, aile, ale, - blanche.
Bouillie, brouet, gratin.	Chic, garbure, ravioli.	Brasser, - rie, drêche, malt.
Gaude, cacha, pilau, gelée.	Sausse, jus, ragoût, haut-goût.	Kouasse, kichelichi [8].
Patre, cagne, luzagne.	Lardon, barde, fricandeau.	Raky [9], ouikou, sorbet.
Semoule, vermicelli.	Service, entrée, entremêts.	Vin, - clairet, - muscat.
Macaroni, tourtelet.	Plat, civet, salmi, saupiquet.	-Blanc, -rouge, œil de perdrix.
Plan -, pannkuke, crèpe.	Vinaigrette, rémolade, farce.	Vin paille, verdée, *verdeur*.
Knef, nudel, dampf -, beignet.	Hachis, capilotade, marinade.	- Bourgogne, - Champagne.
Pudding, plump-pudding.	Daube, court-bouillon.	- Falerne, - Rota, -Constance.
Gauffre, oublie, biscotin.	Waterfisch, matelotte, au bleu.	-Malaga, -Malvoisie, *gourmet*.
Meunier, meulier, mouture.	Patisserie, -ssier, friandise.	Liqueur, -fine, vin -liqueur.
Aile, trémie, traquet.	Pâté, petit -, -froid, abaisse.	Kirschwasser, marasquin.
Sas, sasser, tamis, blutage.	Tourte, tarte, - *à la crême*.	Ratafia, rhum, arac, syrop.
Farine, fécule, son, recoupe.	Flan, talmouse, frangipane.	Rossoli, escubac, persicot.
Levain, levure, présure.	Biscuit, macaron, nougat.	Punch, bischopf, posset.
Pétrin, huche, pétrir.	Echaudé, massepain, brioche.	Essence, quintessence, élixir.
Four, fournée, enfourné.	Cassemuseau, croquignole.	Eau-de-vie, - de grain.
Chauffe, cuisson, lever.	Feuilletage, soufflure, chou.	Esprit-de-vin, alkohol.
Pâte, mie, miette, émiélé.	Brisure, béatille, gobet.	Marc, moult, vin-doux.
Pain, -blanc, - noir, - bis.	Office, hors-d'œuvre, sur-tout.	Cuvé, cuvée, coulage.
P-mollet, -frais, -ferme, -rassis.	Ambigu, médianoche.	Oximel, oxicrat, faltranck.
P-tendre, - au lait, - d'épice.	Desserte, sardeau, rogaton.	Piquette, ripopée, *trouble*.
Miche, quignon, chanteau.	Confiture, -fiseur, succrerie.	Vente -, débit de boisson.
Baisure, entamure, crouton.	Sucre perlé, -candi, caramel.	Vente -, débit de comestible.
Croute, chapelure, pannade.	Compote, marmelade, raisiné.	Traiteur, restaurateur.
Fouasse, galette, boulette.	Conserve, cotignac, canclas.	Menu, garde-manger.
Biscuit, croquant, craquelin.	Bonbon, pastille, méringue.	Hochépot, salmigondis.
Gimbelette, mache-moure.	Dragée, prâline, diablotin.	Pot-pourri, galimafrée.

J	ARTS-SCIENCES. ÉLÉMENS, LANGUE ÉCRITE.	ÉCRITURE ET LECTURE.	GRAMMAIRE, STYLE OU SYNTAXE.
	— ou /	∾ ou ⁄	ℒ ou 𝔄
—	Art-Science, thechnique [1]	Écriture, manuscrit.	Grammaire, orthographe.
∾	Élément, principe.	Courante, coulée.	Nom, nommer, étymologie.
ℒ	Règle, exception [2].	Ronde, bâtarde, grosse.	Appeller, nom appellatif.
ℒ	Méthode, rudiment.	Expédition, minute.	Nom-propre, - patronimique.
ℭ	Exposition, théorie, - rique.	Pochure, barbouillage.	Prénom, surnom, sobriquet.
ℭ	Manuel, pratique, exercer.	Griffonnage, pâté.	Épithète, qualifier, adjectif.
—	Langue, dialecte.	Épeler, déchiffrer.	Déclinaison, décliner, cas.
∾	Patois, jargon, baragoin.	Lecture, lire couramment.	Nominatif, génitif.
ℒ	Diction, élocution.	Dictée, écrire sous la -.	Datif, accusatif.
ℒ	Énonciation, proféré.	Original, -ginalité, exemple.	Vocatif, instrumental.
ℭ	Prononciation, articulation.	Transcrire, net, au net.	Ablatif, local [5].
ℭ	Voyelle, consonne.	Rédaction, dresser, rempli.	Positif, compara -; superlatif.
—	Diphtongue, triphtongue.	Jambage, plein, panse.	Verbe, - actif, - passif.
∾	Syllabe, syllabaire.	Fin, délié, liaison.	Verbe neutre, - réciproque.
ℒ	Accent, accentuation.	Trait, barre, filet.	Conjugaison, - guer, mode.
ℒ	Aigu, grave, circonflexe.	Caractère, lettre.	Infinitif, indicatif.
ℭ	Mot, terme, expression.	Alphabet, littéral.	Subjonctif, conjonctif.
ℭ	Façon de parler, tour.	Ligne, boustrophédon [4].	Optatif, impératif.
—	Plume, crayon, style.	Capitale, lettre grise.	Participe, gérondif.
∾	Encre, - sympathique.	Majuscule, minuscule.	Adverbe, pronom.
ℒ	Encrier, écritoire, cornet.	A la ligne, à lineâ.	Genre, masculin, féminin.
ℒ	Canif, -ployant, gratoir, lame.	Sous-ligné, interligne.	Nombre, sing., duel, pluriel
ℭ	Taille, fente, bec [3].	Frontispice, titre, tête.	Préposition, conjonction.
ℭ	Effaçure, rature.	Épigraphe, légende, exergue.	Particule, article.
—	Papier, - de trace, - brouillard	Étiquette, devise, cotte.	Point, ponctuation.
∾	Cahier, main, rame.	Avertissem.t, affiche, placard.	Deux points, tréma.
ℒ	Feuille, feuillet, feuilleter.	Avis, annonce, préface.	Virgule, point et virgule.
ℒ	Page, recto, verso.	Introduction, avant-propos.	Cédille, guillemet.
ℭ	Marge, blanc, vuide.	Sommaire, extrait, précis.	Trait d'union, double -.
ℭ	Parchemin, - nier, vélin.	Texte, teneur, contenu.	Parenthèse, accolade [6].
—	Poudre, poudrier, sébile.	Passage, verset, trait.	Style, syntaxe, construction.
∾	Poinçon, signet, tiret.	Article, paragraphe.	Phrase, locution, période.
ℒ	Pain à cacheter, -rouge, -noir	Chapitre, section.	Idiotisme, accent du pays.
ℒ	Cire d'Espagne, -rouge, -noire	Liste, catalogue.	Interjection, inversion.
ℭ	Cachet, - armorié, - chiffre.	Index, table, - des matières.	Synonimie, pléonasme.
ℭ	Sceau, scellé, contre-scel.	Supplément, errata.	Solescisme, barbarisme.

PETIT NOMENCLATEUR. IXe CADRE.

ARTS-SCIENCES. CORRESPONDANCE, MOYENS.	PASIGRAPHIE ET LITTÉRATURE.	SCIENCES, ENSEIGNEMENT, CALCUL.	J
Ꞁ ou Ɉ	Ƈ ou Ɔ	Ƈ ou Ɔ	
CORRESPONDANCE, -pondant.	PASIGRAPHIE , gamme.	SCIENCE , enseignement.	
Lettre, épître, épistolaire.	Indicule, nomenclateur.	Institution, instruction, chaire	
Missive, dépêche, paquet.	Grand nomencl.-, petit nom-.	Leçon , cours, professorat.	
Mémoire, mémorial.	Classe, cadre, colonne.	Ecole, classe, collège, cuistre.	
Etat, bulletin, rôle.	Tranche , ligne, place.	Humanités, universi-, faculté.	
Bordereau, carnet.	Corps du mot, groupe.	Ecolier, disciple, élève, élevé.	
Brouillon, *premier concept.*	Signe modificateur.	Degré, gradué, licence.	
Développement, déduction.	Signe de transposition.	Lauréat, bacca-, doctorat.	
Explication, éclaircissement.	Signe -, - trait grammatical.	Exercice, thèse, soutenir -.	
Renseignement, information.	Signe de genre, - de nombre.	Logique, dialectique.	
Consigné, couché, libellé.	Signe de quantité.	Analyse, synthèse, zététique.	
Circonlocution , périphrase.	Ordre, - direct, - inverse.	Philosophie, métaphysique.	
Note, notice, *nota bene.*	Sens [10], acception.	Physique, statique, hydrost-.	
Apostille, annotation.	Signification, valeur.	Expérience, épreuve.	
Passage extrait , citation.	Interprétation, rendre.	Chymie, alchymie.	
Mot à mot, en toutes lettres.	Traduction, version.	Astronomie, astrologie.	
Collationné, correction.	Sens positif, sens matériel.	Théologie, scholastique.	
Duplicata, triplicata, quadr.	Sens figuré, métaphore.	Académie, académicien, lycée	
Date, dater de, anti -, post-.	LITTÉRATURE, philologie.	ARITHMÉTIQUE, calcul.	
Signature, seing, seing privé.	Prose, oraison, *thême.*	Compte, supputation.	
Contre-seing, paraphe.	Rhétorique, harangue.	Enumération, dénombrement	
Post-scriptum, *chargé* [7].	Exorde, péroraison.	Chiffre, numéro, zéro.	
Réponse, réplique, triplique.	Compilation, commentaire.	Règle, poser, retenir.	
Recommandation, lettre de -.	Dissertation , disert.	Preuve, contre-preuve.	
Inclusion , y -, ci-inclus.	OEuvre, pièce, morceau.	Addition, total, montant.	
Ci-dessus, ci-contre.	Ouvrage, composition, traité.	Multiplication , multiple.	
Ci-dessous, ci-après.	Digression, hors-d'œuvre.	Division, partage, *prorata.*	
D'autre part, d'autre côté.	Mélange, recueil, rapsodie.	Soustraction, défalquer.	
Tournez, - s'il vous plaît.	Diffus, prolixité, pédanterie.	Distrait, prélevé, retranché.	
Vot.-, s.-, l. tr. h. e. t. o. s. [8]	Libelle, diatribe, pamphlet.	Règle de 3, - de compagnie.	
Ployage, pli, clos, fermé.	Livre, auteur, - plagiat.	Distribution, répartition, lot.	
Enveloppe, couvert.	Volume, tome, collection.	Equivalent, compensation.	
Adresse, suscription.	Dictionnaire, lexicon.	Quotité, quotient, revenant.	
Abrévier, abréviation, abrégé.	Vocabulaire, glossaire.	Produit, excédent, reste.	
Tachygraphie, Sténographie.	Exemplaire, édition.	Algèbre, logarithme.	
Quipos, salem, chiffre [9].	Encyclopédie, bibliothèque.	Mathématique, géométrie.	

Xᵉ Cadre. PETIT NOMENCLATEUR.

𝔞	TEMPS, PASSÉ, PRÉSENT, FUTUR, CIVILS.	TEMPS, RAPPORTS MORAUX, HISTORIQUES, MERCANTILES.	TRANSPORT PAR TERRE.
	— ou /	∾ ou 𝒳	𝔏 ou 𝔞
—	Temps, durée, époque.	Temporaire, transitif.	Transport, transfert, -lation.
∾	Cours, courant, laps.	Incident, casuel, accident.	Voyage, - *à cheval*, départ.
𝔏	Passager, éphémère.	Événemᵗ, éventuel, expectative	Acheminer, emmener, - porter
𝔏	Intermittence ; chronique.	Vicissitude, alternative.	Port, amener, apporter.
𝔊	Continuation, permanence.	Anticipé, prévenu, devancé.	Portée, change, fais, fardeau.
𝔊	Ere, égyre, style, comput.	Revenir, remonter, rétroaction	Tour, tournée, retour.
—	Passé, révolu, écoulé.	Primauté, précurseur.	Bât, bâté, hôte, manno.
∾	Ancienneté [1]; invétéré [2].	Arriéré, arrérage, prescription	Brancard, civière, littière.
𝔏	Précédence, antériorité.	Echéance, expiré, extinction.	Chaise, - à porteur, palanquin.
𝔏	Présent, actuel, actualité.	Ponctualité, opportunité.	Traînage, traîneau, ramasse.
𝔊	Contemporain, simultanée.	Renouvellement, redevenir.	Trait, train, rospousky.
𝔊	Moderne, récent, fraîcheur.	Neuf, nouvᵗᵉ, - velle, *gazette*.	Brouette, tombereau.
—	Futur, avenir, prochain.	Vitesse, rapidité, accéléré.	Voiture, - ré, roullage, - ier.
∾	Préalable, préliminaire.	Promptitude, subit, soudain.	Charriot, - rette, charroi, - iage.
𝔏	Urgence, instant, imminent.	Hâte, presse, précipitation.	Kibik, guimbarde, banne [5].
𝔏	Période, - ique, tour, successif.	Succinct, court, brièveté.	Coche, fourgon, carabas.
𝔊	Occurrence, occasion, fortuit.	Réitération, fréquence.	Diligence, berline, pannier.
𝔊	En cas, en état, en même -.	Commun, ordinaire [3].	Calèche, schlavage, soupente.
—	Instant, moment, clin-d'œil.	Retard, tarder à, tarder de.	Poste aux chevaux, - aux lettres.
∾	Heure, minute, seconde.	Ralentissement, lenteur.	Postillon, cocher, guide.
𝔏	Jour, - née, - nalier, quotidien.	Délai, renvoi, remise.	Ordinaire, extra -, double - p.
𝔏	Matin, bon -, matinal, - tinée.	Attermoyement, sursis, répit.	Estaffette, exprès, expédition.
𝔊	Midi, avant midi, après midi.	Temporiser, ajournement.	Messagerie, locati, fiacre [6].
𝔊	Soir, soirée ; nuit, minuit.	Rareté, extraordinaire [4].	Carrosse, équipage, char.
—	Veille, veillée, surveille.	Prorogé, ultérieur, perpétuité.	Malle, mallier, limonier.
∾	Lendemain, sur -, 3ᵉ jour.	Millésime, anachronisme.	Passage, traversé, voie.
𝔏	Semaine, décade, quinzaine.	Chronologie, annale, histoire.	Train, bon -, trajet, route.
𝔏	Lundi, mardi, mercredi.	Almanach, calendrier, *journal*	Attelage, à 2, à 4, à 6.
𝔊	Jeudi, vendredi, samedi.	Calende, épacte, olympiade.	Relais, station, pause, remise.
𝔊	Dimanche, sabbat, férie.	Bissextil, climatérique.	Cahotage, ornière, versé.
—	Mois, janvier, février.	Jour de grâce, - de planche.	Ambulance, caravanne.
∾	Mars, avril, mai, juin.	Usance, terme, jour préfixe.	Passe-port, - avant, transit.
𝔏	Juillet, août, septembre.	Annuité, annuel, anniversaire	Emigration, exportation.
𝔏	Octobre, novembre, décembre	Morte saison, hors de saison.	Immigration, importation.
𝔊	Trimestre, semestre, quartier.	Foire, étrennes, carnaval.	Lettre de voiture, aquit.
𝔊	An, lustre, siècle, cicle.	Beyran, Ramadan.	Graissé, camboui, enrayé.

PETIT NOMENCLATEUR.   Xᵉ CADRE.

TRANSPORT PAR EAU.	DANS L'ORDRE ALPHABÉTIQUE.		
	POIDS DE TOUS LES PAYS.	SUITE DES POIDS, ET MESURES ITINÉRAIRES.	
Ɫ ou Ɉ	Ɠ ou Ɔ	Ɠ ou Ɔ	
Embarquent, arrimage.	Aras, abucco, adarème.	Pagode, palom, paro.	
Cargaison, cueillette, lest.	Adarme, almène, argensio.	Pfund, pic, piku, pile.	
Fret, affrètement, nolis.	Aroba, as, avoir-du-poids.	Poede, poude, pound, prime.	
Flottage, train, radeau.	Bahar, batman, bercheroot.	Quart, quarteron, quintal.	
Barque, bachot, pirogue.	Bercowitz, bismer-pond.	Richtpfeningtheile.	
Bac, bateau, -plat, -de tour[7]	Bohar, bokar, boncal.	Rotole, rotte, rotton, rub.	
Coche d'eau, gabare, buche.	Candil, candy, cantar, -taro.	Saum, schan, schip-last.	
Galiotte, stroeck, flibot.	Carga, castellana, catti.	Schif-, schip-, skaal-, skippond	
Pinque, pinasse, almadie.	Centner, centenaar.	Scrupule, seipod, seling.	
Polacre, caraque, caravelle.	Chai, chéky, chéray.	Seray, serre, seyra, sextule.	
Lège, allège, corps, carcasse.	Clam, cleuder, coffila.	Solotnick, steen, stein.	
Bord, haut -, bas-bord, tribord	Col, cowl, coupang.	Stone, sompy, surlo [10].	
Lancer, mettre -, être à flot.	Dareng, derhem, deuʒken.	Tael, tameling, tary.	
Boute dehors, appareiller.	Dicina, dingt, drachme.	Tayel, teccalis, tol, tola.	
Hisser, haller, héler, carguer.	Droit, duelle, duing.	Tomine, trapèze, trèseau.	
Virer de bord, éviter, dérive.	Engel, eschen, -quipos, -tekin	Troye-gewicht, tsyen, tuka.	
Déboucher, débouquement.	Farécelle, felin, forfore.	Vaag, vaqui, - à tary, -seffy.	
Rame, ramer, aviron, voguer.	Frohngewicht, fwen.	Vesne, vog; Zaiden, zaure.	
Voile, mettre à -, faire -, cingler	Grain, groen, gros. Jod.	MESURE, - ITINÉRAIRE.	
Gouvernail, gouverner,	Karat, kram-gewicht [9].	Agash, aploün.	
Côtoyer, longer, doubler.	Last, leam, lech, leth.	Arure, asparèze.	
Louvoyer, bordée, roulis.	Leispond, leys -, lys pundt.	Bème; Can, chang, ché.	
Large, prendre -, tenir le -.	Libra, lira, livre, - pensil.	Codam, cordelle, coru, cos.	
Orienter, à la cape, en panne.	L.p.demarc, lodra, loth, hyang	Desseatina, diploün.	
Trajet, traversée, long-cours.	Macho, quintal -, majon.	Farfang, fuen, fwen.	
Amarque, balise, bouée, vigie.	Man, mangalis, manglin.	Gau, giam, gos, gosse.	
Toucher, bris, avarie, sancir.	Mao, maon, marc, marco.	Hao, heure [11]; Jiom.	
Embosser, échouer, chavirer.	Mas, massis, mataro.	King; Leuga, lichas.	
Voie d'eau, coulé bas, naufrage	Maun, maune, métical.	Lieue, lieue marine, ly.	
Arrivage, abordage, baclage.	Migliaro, millier (pes.), miscal	Marhala, meu, mille.	
A la gᵈᵉ de Dieu et conduite[8]	Mite, mitigal, mon, - à tary.	Nali, nari; Parasange.	
Bon sauvement, à bon port.	Mon-bazard, -battole, -seffy.	Pas, pas géométrique.	
Connoissemᵗ, lettre de marque	Nali, nanque, nanqui.	Plèthre, pharsac, pù.	
Grosse, -aventure, bodinerie.	Once, onza, ounza.	Rez, rhouson, rœ-ning.	
Débarquement, débardage.	Ocka, okos, oke, oque.	Schène, stade, - nautiq.	
De conserve, embargo.	Ochavo, octavo, ottavo.	Stund, sù; Vatavan, verste.	

XIe CADRE.   PETIT NOMENCLATEUR.

	AGENS SOCIAUX, COMMERCIAUX.	AGENS CIVILS, POLITIQUES.	AGENS ECCLÉSIASTIQUES.
	— ou /	~ ou /	ℒ ou 𝔏
—	Indigène, étranger [1].	Empire, royauté, Czar.	Clergé, ecclésiastique.
~	Cité, citoyen, concitoyen.	Monarchie, principauté.	Pontife, pape, califat.
ℒ	Patrie, patriote, compatriote.	Electorat, stathoudérat.	Patriarcat, cardinalat.
𝔏	Sécularité, - isation, laïque.	Land -, mar -, bourgraviat.	Synode, concile, conclave.
G	Emploi, fonction, charge.	Duché, archi -, dogat, raja.	Congrégation, daterie.
𝔊	Ouvrier, manœuvre.	Gonfalonnier, procurateur.	Nonciature, légation, *à latere*
—	Journalier, mercenaire.	Sultan, sophi, beg.	Primatie, prélature.
~	Porte-faix, fort, colporter.	Bey, hospodar, vayvode.	Evêché, archevêché [2].
ℒ	Crochet, -teur, gagne denier.	Régence, pairie, connétablie.	Suffragance, coadjutorerie.
𝔏	Apprentissage, trotin.	Comté, vi -, vidamie, baronie.	Canonicat, prébende.
G	Compagnonage, garçon.	Marquisat, starostie, timar.	Tréfoncier, bénéfice.
𝔊	Manufacture, fabrique.	Sénat, aréopage, parlement.	Chapitre, capitulaire.
—	Art, artiste, artisan.	Ministère, - d'état, visiriat.	Tonsure, diaconat, sous -.
~	Revente, régrat, brocanter.	Cabinet, conseil, divan.	Sacerdoce, prêtrise, archi -.
ℒ	Commission, - sionnaire.	Ambassade, plénip., extra -.	Pastorat, ministère.
𝔏	Agence, préposé, commis.	Ministre, envoyé, bayle.	Cure, vicariat, *v.* - *général*.
G	Dépôt, - sitaire, gardien.	Résident, chargé, consulat.	Chapelain, aumônier.
𝔊	Courier, message, émissaire.	Drogman, interprète.	Desservant, officiant.
—	Banque, banquier.	Cour, conseil, -intime, aulique	Officialité, théologal.
~	Change, changeur.	Magistrature, mandarinat.	Directeur, pénitencier.
ℒ	Caisse, - sier, trésor, - rier.	Chancellerie, chancelier.	Gardien, prieur, doyenné.
𝔏	Croupe, croupier, intéressé.	Tribunat, préteur, questure.	Abbaye, abbatial, abbé.
G	Agent de change, courtage.	Présidence, assessorat.	Commanderie, - deur.
𝔊	Agio, agiotage, agioteur.	Référendaire, rapporteur.	Provincialat, généralat.
—	Praticien, procureur.	Commandant, pacha.	Rectorat, provéditeur.
~	Avocat, -plaidant, -consultant.	Drossard, intendance, bailli.	Préfecture, lecteur.
ℒ	Notaire, tabellion.	Podestat, sénéchal, présidial.	Chantre, enfant de chœur.
𝔏	Commissariat, quartenier.	Municipalité, mairie, mayeur.	Acolyte, aide, assistant.
G	Juré, - priseur, - crieur.	Amman, alderman, échevin.	Sacristain, marguillier.
𝔊	Arbitre, expert, taxation.	Bourgmestre, capitoul.	Bedeau, portier.
—	Candidat, postulant, - ation.	Cadi, shérif, syndic, jury.	Moine, cénobite, mandrite.
~	Réception, récipiendaire.	Jugement, corrégidor, alcade	Profès, convers, frère-lai.
ℒ	Financier, ferme, - générale.	Office, prévôté, huissier.	Quêteur, pourvoyeur, célerier
𝔏	Inspection, contrôle.	Exempt, sergent, licteur.	Chevecier, sommelier.
G	Secrétaire, écrivain, clerc.	Recors, espion, forçat.	Hermite, anachorette, reclus.
𝔊	Chef, direction, sur-intendance	Bourreau, valet de -, patient.	Mission, - naire, apostolat.

PETIT NOMENCLATEUR. XIe Cadre.

AGENS MILITAIRES. INFANTERIE.	AGENS MILITAIRES. CAVALERIE, ARTILLERIE.	AGENS DE LA MARINE.	
L ou J	G ou G	G ou G	
Armée, troupe, - réglée.	Cavalerie, *cavalier* [3].	Marine, marin, marinier.	
Infanterie, régiment.	Cavalerie légère, - pesante.	Navigation, - gateur, naval.	
Phalange, cohorte, légion.	Escadron, escadronner, piquet	Flotte, escadre, convoi.	
Bataillon, compagnie.	Védette, ordonnance.	Vaisseau de guerre, - de ligne.	
Brigade, escouade.	Sentinelle, faction, - naire.	Vaisseau de registre, gallion.	
Corps, détachement.	Voltigeur, coureur.	Vaisseau marchand, navire.	
Etat-major, officier, - d'.	Hulan, croate, pandoure.	Frégate, corvette, cutter.	
Généralat, séraskier.	Hussard, dragon, talpache.	Senau, flûte, balandre, saïque.	
Général en chef, généralissime	Mousquet, -aire, chevauxléger	Bot, paquet - bot, aviso.	
Commandement en chef.	Gendarmerie, carabine, -ier.	Prâme, patache, brûlot.	
Maréchal, feld-maréchal.	Hoqueton, arc, archer.	Galère, galéace, yacht.	
Général major, gén.-lieutent.	Arbalète, -trier; fronde, -eur.	Nacelle, esquif, canot.	
Maréchal de bataille.	Mestre de camp, zaïm.	Amirauté, amiral, grand -.	
Maréchal de camp, - des camps	Major, capitaine de cavalerie	Contre-amiral, vice-amiral.	
Mestre de camp, brigadier.	Quartier-maître, brigadier.	Chef d'escadre, commodore.	
Colonel, second colonel.	Maréchal des logis.	Capitaine, - de haut bord.	
Lieutenant-colonel.	Cornette, guidon, toug.	Lieutenant, - de haut bord.	
Major d'infanterie, - de place.	Queue [4], étendard.	Sous-lieutenant, - de haut bord.	
Capitaine, -itaine en second.	Artillerie, artilleur.	Pilote, - hautier, - côtier.	
Capitaine d'armes.	Officier, général, lieutenant.	Lamaneur, locman.	
Aide de camp, adjudant.	Canon, canonnier, mortier.	Maître, contre -, basseman.	
Lieutenant, sous-lieutenant	Bombe, - arder; bombardier.	Patron, bâtelier, chableur.	
Enseigne, drapeau, bannière.	Génie, ingénieur, miner, sape.	Matelot, mousse, équipage.	
Cadet, - noble, corps des -.	Pionnier, ponton, pontonnier.	Mistrance, chiourme.	
Bas-officier, sergent, - major.	Garde du corps, traban.	Bâtiment, construction.	
Auditeur, prévôt, fourrier.	Maréchaussée, guet.	Armement, - en guerre.	
Caporal, anspessade.	Pospolite, spahi, cipaye.	Chargement, pacotille.	
Grenade, -ier; fusil, fusilier.	Escorte, convoi, étape.	Passager, subrecargue.	
Arquebuse, -ier; pique, -ier.	Fourrage, fourrager, éclairer.	Embarcadère, assurance.	
Tirailleur, flanqueur, éclair.	Fournisseur, vivandier.	Cabotage, interlope [6].	
Militaire, guerrier, preux.	Volontaire, sémestrier.	Flibustier, aventurier.	
Combattant, soldat, - tesque.	Renfort, auxilliaire.	Corsaire, câpre, pirate.	
Strélitz, janissaire, heyduque.	Picorée, maraudeur.	Carène, radoub, calfat, ploc.	
Enrôleur, racoleur, recruteur.	Traîneur, musard.	Croisière, course, chasse.	
Recrue, surnuméraire.	Embauchage, désertion.	Pilotage, hydrographie.	
Milice, passevolant, goujat.	Fuyard, transfuge [5].	Bucentaure, argo, argonaute.	

XIIᵉ Cadre.	PETIT NOMENCLATEUR.	
LIEUX NATURELS.	**LIEUX CIVILS ET POLITIQUES.**	**LIEUX MILITAIRES ET RELIGIEUX.**
— ou /	∾ ou ✗	ℒ ou λ
Lieu, local, localité [1].	Habitation, résidence.	Place, - forte, fortification.
Place, emplacement, enceinte.	Logis, logement, domicile.	Fort, redoute, citadelle.
Coin, recoin, rencoigné.	Hutte, cabanne, chalet.	Château, bastion, courtine.
Espace, interstice, intervalle.	Chaumière, métairie, cense.	Terrasse, terreplein.
Sol, territoire, limite, -trophe.	Maison,-des champs,de pl.[6]	Esplanade, plateau, plateforme
Frontière, marche [2], confin.	Hameau, village, bourg.	Rempart, boulevard, *garc*.
Pas, passage, défilé, gorge.	Ville, capitale, faubourg.	Caserne, chambrée.
Cache, case, réceptacle, réduit.	Banlieue, arrondissement.	Garde, grande -, corps de -.
Asyle, réfuge, retraite, clapier.	Département, province, -cial.	Garnison, - au prévôt.
Séjour, réservoir, repaire.	Etat, empire, *Porte*.	Poste, bivouac, guérite.
Solitude, désert, hermitage.	Voie, sentier, trotoir, *scabreux*	Arsenal, parc, fonderie.
Grotte, antre, caverne, tanière.	Rue, chemin, quai, *tournant*.	Souterrain, casemate.
Mont, montagne, éminence.	Barraque, échope, étal.	Quartier, quartier-général.
Pic, *volcan*, *cratère*.	Boutique, attelier, angar.	Q. d'hiver, cantonnement.
Côteau, colline, tertre.	Remise, entrepôt, cave, - veau.	Place d'armes, - de parade.
Val,-lon,-lée,par m.et p.v.[3]	Magasin, grange, grenier.	Lieu d'exercice, salle d'armes.
Fosse, fonds, fondrière, ravin.	Bureau, comptoir, caisse.	Camp, - volant, - retranché.
Gouffre, précipice, abyme.	Cour, avant-cour, basse-cour.	Champ de bataille, *carreau*.
Entour, enclos, enclave.	Hôtel, palais, château [7].	Eglise, temple, chapelle.
Canton, district, contrée.	Chambre, anti -, vestibule.	Parvis, nef, chœur, *stale*.
Région, pays, paysage.	Sallon, salle, salle à manger.	Sanctuaire, tabernacle.
Lande, step [4], plat-pays.	Appartement, - *garni*.	Niche, tribune, jubé, chaire.
Continent, terre-ferme.	Cuisine, cellier, garde-meuble	Confessional, baptistaire.
Isthme, langue, presqu'île.	Cabinet, garde-robe, lieux.	Sacristie, *clocher*, *minaret*.
Marais, marécage, palus.	Cabaret, cantine, buvette.	Diocèse, métropole, siège.
Lagune, flaque, mare, lac.	Guinguette, tabagie, tripot.	Cathédr-, collégi-, succursale.
Etang, *stagnant*, vivier.	Hôtellerie, auberge, taverne.	Paroisse, presbytère, cure.
Ruisseau, fleuve, rivière.	Quartier, carrefour, cul-de-sac	Séminaire, noviciat.
Lit, bouche, confluent, gué.	Cours, halle, marché, place.[8]	Monastère, couvent, cloître.
Côte, rive, bord, grève.	Collège, promenade, bourse.	Parloir, dortoir, célulle.
Mer, océan, méditerranée.	Tribunal, barreau, greffe.	Réfectoire, chauffoir, infirmer[e]
Cap, prom.[5], dune, falaise.	Etude, office, archive.	Synagogue, mosquée.
Goulet, détroit, manche, bras.	Conciergerie, géole, bagne.	Tombe,-beau, sépulcre,-ture.
Golfe, baie, bosphore, rade.	Prison,-d'état, cachot, *secret*.	Cimetière, catacombe, charn[et]
Mouillage, attéra-, havre, port.	Hospice, lazaret, hôpital.	Paradis, éden, élysée.
Relâche, île, archipel, écueil.	Voierie, cloaque, gémonie.	Limbe, purgatoire, enfer.

PETIT NOMENCLATEUR. XIIe CADRE.

GÉOGRAPHIE. MONDE, EUROPE.	SUITE D'EUROPE.	SUITE D'EUROPE. ASIE, AFRIQUE, AMÉRIQUE, FLEUVES, MERS, MONTAGNE.	
L ou J	C ou Ɔ	Ɛ ou Ȝ	
GÉOGRAPHIE, *carte, mappem.*	FRANCE, Franc, Gaule.	ITALIE, *Latin, Capitole.*	⌐
EUROPE; Anse, - éatique.	Paris, Lyon, Bordeaux.	Rome, *Vatican, Panthéon.*	ʃ
ASIE, Inde, Indostan.	Marseille, Montpellier, Nîmes	Naples, Florence, Venise.	ʔ
AFRIQUE, Maure, Négritie.	Toulouse, Perpignan, *Gascon*	Livourne, Bologne, Padoue.	Ȝ
AMÉRIQUE, terre australe.	Narbonne, Carcassonne.	Milan, Mantoue; Corse; Sicile	Ɔ
Longitude, latitude, antipode.	Bayonne, Pau, *Béarn, Basque*	Sardaigne, Savoie, Turin.	Ɔ
RUSSIE, Moscou, Twer.	Angoulême, Andrie, Cognac.	TURQUIE, Levant, Echelle.	⌐
Pétersbourg, Archangel.	Nantes, l'Orient, Brest, S. Malo	Constantinople, Smyrne.	ʃ
Riga, Revel, Cronstadt.	Normandie, Rouen, Louviers	Athènes, Thèbes, Laconie [11]	ʔ
Sibérie, Cosaque, Calmouk.	Diépe, Calais, Dunkerque.	Babylonne, Babel, Jérusalem.	Ȝ
Ukraine, Crimée, Cuban.	Elbeuf, Cambrai, Lille.	Alep, Zante, Seyde, Candie.	Ɔ
Courlande, Finlande.	Valenciennes, Strasbourg.	Chypre, Rhodes, Malthe.	Ɔ
SUÈDE, Sudermanie.	ALLEMAGNE, Germanie.	TARTARIE, Tibet, Mongol.	⌐
Stockholm, Upsal, *Goth.*	Lubeck, Altona, Hambourg.	Arménie, Circassie, Géorgie.	ʃ
Gothembourg, Carlscrone.	Brême, Leypsic, *Saxe.*	Perse, Arabie, Mecque, Moka.	ʔ
Laponie, Dalécarlie, Livonie.	PRUSSE, Kœnigsberg, Culm.	Mogol, Bengale, Coromandel.	Ȝ
DANEMARCK, Copenhague.	Berlin, Brandebourg.	Chine, Japon, Ceylan, Java.	Ɔ
Norwège, Jutland, Islande.	Poméranie, - rélie, Silésie.	Maldive, Moluque, Manille.	Ɔ
POLOGNE, Varsovie, Cracovie.	AUTRICHE, Vienne, Lintz.	BARBARIE, Egypte; Caire.	⌐
Gallicie, Lithuanie.	Augsbourg, Munich.	Tunis, Alger, Tripoli, Fez.	ʃ
BOHÊME, Prague; Esclavonie.	Mayence, Wetzlaer.	Maroc, Cte d'or, C. de B. E. [12]	ʔ
HONGRIE, Bude, Presbourg.	Cologne, Elberfeld [9].	ETATS-UNIS, Philadelphie.	Ȝ
Tokay; Moravie; Moldavie.	Ratisbonne, Francfort.	Ile du Vent, - sous le Vent.	Ɔ
Croatie, Transylvanie.	Palatinat, Manheim.	S^t.-Domingue, Cap; Brésil.	Ɔ
ANGLETERRE, Gr. Bretagne.	PAYS-BAS, Liège, Aix [10].	Volga, Vistule, Danube.	⌐
Londres, Douvres, Galles.	Louvain, Bruxelles.	Tamise, Tage, Guadalquivir.	ʃ
Ecosse, Edimbourg.	Ostende, Anvers, *Belge.*	Seine, Loire, Rhône, Garonne	ʔ
IRLANDE, Dublin, Clear.	Trèves, Ardennes.	Oder, Meyn, Rhin, Moselle.	Ȝ
Orcades, Westernes.	PROVINCES-UNIES, Hollande	Escaut, Pô, Tibre, Nil.	Ɔ
Chambre haute, - basse.	La Haye, la Brille.	Amazones (des), S^t. Laurent.	Ɔ
ESPAGNE, Asturies; Castille.	SUISSE, Schwitz, Zug.	Baltique, Catégat, Sund.	⌐
Madrid, Cadix, Séville.	Uri, Underwald, Lucerne.	Mer blanche, caspiène, rouge.	ʃ
Gibraltar, Ségovie, Alcaçar.	Fribourg, Soleure, Zurich.	Sinaï, Calvaire, Etna, Vésuve.	ʔ
Alicante, Bilbao, Burgos.	Berne, Bâle, Schaffhouse.	Ecla, Krapac, Alpes, Pyrénées	Ȝ
PORTUGAL, Lisbonne, Brague	Glaris, Appenzel; Vaud.	Parnasse, Hélicon, Olympe.	Ɔ
Bragance, Porto; *Finisterre.*	Lauzane, Genève, Constance.	Colonie, Créol; Cosmopolite.	Ɔ

NOTES DU PETIT NOMENCLATEUR,
PREMIER CADRE.

[1] *D'un* se fait *premier;* de *deux* se fait *second*, etc., conformément aux règles pasigraphiques.

[2] 5ᵉ, 6ᵉ ne signifient point ici *cinquième, sixième;* mais le *cinquième, le sixième* d'un tout, $\frac{1}{5}$, $\frac{1}{6}$, etc. Il en est ainsi de tous les *ièmes* de cette colonne.

[3] *Dernier, pénultième, antépénultième,* ou *dernier, avant-dernier, avant-avant-dernier.*

[4] Pour d'autres espèces de terre, voyez dans l'AGRICULTURE.

[5] *Agathe-onix* par les deux mots réunis.

[6] *b,* après *rubis,* signifie *rubis-balais.*

[7] *Calin,* métal chinois.

[8] Un quatrième terme donne ici *bigarrure.*

[9] Un troisième et un quatrième termes donnent ici *manière et façon d'être.*

[10] *Limpide.* Un troisième terme donne *clair.*

[11] *Vaste.* Un quatrième terme donne *démesuré.*

[12] Voyez les autres mots dans les cadres des VÉGÉTAUX, des ANIMAUX, des ARTS.

DEUXIÈME CADRE.

[1] *Scorsonère,* d'écorse noire, en Italien.

[2] Un quatrième terme donne *escarole.*

[3] *Cresson alénois* ou *nasitort.*

[4] *Sarrasin* ou *bled noir.*

[5] *Maïs* ou *bled d'Inde,* ou *bled de Turquie;* ailleurs *bled d'Espagne.*

[6] Le nom de la plante sert à nommer la graine, le nom de la graine à nommer la plante.

[7] FOURRAGE, pour les bêtes, y compris les oiseaux.

[8] *Turneps, pomme de terre, patate.* Un quatrième terme donne ici *topinambour.*

[9] *Byssus,* plantes composées d'un simple duvet ou d'un tissu poudreux.

[10] *L'éponge,* traitée de *fungus* ou de *champignon* par les uns, de *polypier,* comme le *corail,* par les autres, n'occupe ici que sa place pasigraphique : il suffit, pour l'objet de l'art, qu'on la trouve sans discussion.

[11] *Convolvule,* dénomination générique.

[12] *Fromager* ou *polon.*

[13] *Rima* ou *arbre à pain.*

[14] *Pavot cornu* en deux mots.

[15] *Lys jaune* ou *martagon,* en deux mots.

[16] *Grenadille* ou *fleur de la passion.*

[17] *Canne à sucre,* par le mot composé *roseau-à-sucre.*

[18] *Bois-gentil,* ou *faux-garou, mezereum.*

[19] *Vitex* ou *agnus-castus.*

[20] *Térébenthine* est ici pasigraphiquement dérivée du mot *térébinthe,* quoiqu'on la tire aussi de divers autres arbres.

[21] *Semencine, semen sanctum, santonicum, barbotine.*

[22] *Magalep* ou *Mahalep.*

[23] *Staphisagre* ou *herbe aux poux.*

[24] *Mauve, guimauve, bouillon ; bouillon-blanc* ou *molène.*

[25] Un quatrième terme donne ici *encens mâle* ou *origan.*

[26] Le GRAND NOMENCLATEUR, en suppléant aux lacunes inévitables dans un espace aussi borné, classera les végétaux usuels dans un ordre à-la-fois botanique et pasigraphique. Il suffit de la petite provision qu'on en trouve ici pour pasigrapher les mots les plus nécessaires, et même beaucoup d'objets de pure curiosité.

TROISIÈME CADRE.

[1] Cette colonne ne contient que des quadrupèdes : dans les trois premières tranches, sont les animaux domestiqués ; dans les trois dernières, les animaux sauvages ; dans la sixième tranche, les animaux de proie. Avec le signe du féminin, *bœuf* fait *vache, cochon* fait *truie.*

[2] *Coq*, au féminin, est *poule.*

[3] L'*eyder* fournit l'*édredon*, en pasigraphie, *duvet d'eyder.*

[4] *Monstre marin.*

[5] *Verte* ou *fraîche.*

[6] *Crapaud* est là comme tenant de la forme des grenouilles, qui le rappellent à la mémoire. Les autres six mots nomment ou des parties de poissons, ou des oiseaux, placés là comme à-peu-près limitrophes des deux espèces, ainsi que la *chauve-souris* entre l'oiseau et le quadrupède.

[7] *Ver solitaire* ou *Ténia.*

[8] *Syrène* avec le féminin : ce mot donne au masculin *triton*, en pasigraphie.

[9] *Fanon* de taureau, etc.

[10] *Crochet.* Un quatrième terme donne ici *fanon* de baleine.

[11] *Soie* que file un animal. On la distingue ici de *soie* poil.

[12] *Petit, poussin, poulain*, s'appliquent aux noms d'animaux, conformément à la règle des mots composés. (On devrait écrire *poulin*, puisqu'on écrit *pouliner.*)

[13] *Gronder, renifler, grogner.* Un quatrième terme donne ici *grommeler.*

[14] Le GRAND NOMENCLATEUR suppléera ici les mots moins usités, comme ailleurs les noms des plantes, dans l'ordre des Naturalistes adapté aux formes pasigraphiques.

QUATRIÈME CADRE.

[1] HOMME avec le féminin fait *femme*; *human.* pour *humanité, genre h.* pour *genre humain.*

[2] *Incisive* et *molaire* se tireront de *tranchant* et de *broyer.*

[3] Le latin dit : *Subalaris :* qu'on porte sous l'aisselle.

[4] D'où *atrabilaire.*

[5] Avec le signe du féminin, *garçon* fait *fille.*

[6] *Sens* signifie ici l'un des cinq sens : c'est l'organe supposé en action.

[7] Un troisième terme donne ici *haletant;* au superlatif, *pantelant.* Conventions pasigraphiques.

[8] *Pourpre* ou *scarlatine*, sorte de fièvre.

[9] *Cholera morbus* ou *trousse-galant.*

[10] La plupart des autres noms de maladies sont composés de mots grecs, dont l'effet est de réunir diverses significations isolées ici, et qui seront combinées dans le GRAND NOMENCLATEUR, suivant un ordre à la fois médicinal, chirurgical et pasigraphique.

CINQUIÈME CADRE.

[1] *Aller, devoir, savoir,* ont ici le même sens que dans les locutions françaises : *il va dire, il doit être riche, je ne saurois croire.*

[2] Comme dans : *je ne laisse pas de l'aimer.*

[3] *Promettre,* pour *donner lieu de s'attendre : menacer,* pour *donner lieu de craindre : penser,* pour *être sur le point.* Exemples : *l'enfant promet de grandir : le mur menace ruine : il a pensé tomber.*

[4] Des deux mots *curiosité,* le premier exprime le desir de voir ou de savoir : le second, l'objet qui excite ce desir. Exemple : *la curiosité de voir une curiosité : curieux de voir, curieux à voir.*

[5] Ici l'objet est pour le goût, afin qu'on puisse dire : *qui s'attache à ce que dit le mot.*

[6] Un second terme sous-entend ici l'expression la plus grossière, la plus insolente, la plus impertinente dont se servent les personnes mal élevées de tous les pays prétendus policés ; expression honteuse, qui, dans les diverses langues d'Europe, ne signifie pas même ce que l'absurde emportement semble leur faire dire. On ne donne au pasigraphe la faculté de rendre ce mot dépouillé de son indécence, que pour que la vérité morale puisse le désigner en le livrant au blâme.

[7] Il y a deux sortes de *pudeur* parmi les vertus : la *pudeur* qui répond à *pudicité,* à *pureté,* à *chasteté,* et la *pudeur* qui répond à *modestie* opposée non à *impudicité,* mais à *vanité.* La *pudeur* d'une vierge, que des mots licentieux font rougir, est très-distincte de la *pudeur* du vieux héros, qui ne veut pas qu'on le loue en face, ou même du poëte blessé d'éloges qu'il sent n'avoir pas mérités.

SIXIÈME CADRE.

[1] *Beau-père, gendre,* font, avec le genre féminin, *belle-mère, bru,* comme *ayeule, mère, tante, nièce, cousine, alliée,* etc., se forment des mots *ayeul, maternité, oncle, neveu, cousin, allié,* etc.

[2] Un quatrième terme donne *laquais.*

[3] Voyez les cadres HOMME SENSIBLE, DISPOSITIONS, CŒUR.

[4] *Tesserae* de Plaute, dans la scène II, de l'acte V du *Pœnulus ;* symboles ou souvenirs d'hospitalité que les Grecs nommoient *astragalos.*

[5] *En user,* bien ou mal envers quelqu'un.

[6] Comme dans *vice-président, sous-fermier, co-propriétaire, contre-lettre,* etc., en deux mots pasigraphés réunis.

SEPTIÈME CADRE.

[1] *Les métiers vestiaires,* ou les arts mécaniques relatifs au vêtement, sont placés ici les premiers comme ayant pour objet ce qui touche le plus immédiatement l'homme en société, qui s'habille partout avant même de s'occuper de ses alimens.

[2] *Toile d'emballage* ou *serpillière.*

[3] Un troisième terme donne *roquelaure* après *houpelande.*

[4] *Sysse,* étoffe dont il est fait mention dans l'Écriture.

[5] Un troisième terme donne *buanderie,* avec le signe du lieu si l'idée en est jointe à celle de *lessive.*

HUITIÈME CADRE.

[1] *Change*, d'où *donner* ou *prendre le change.*

[2] *Langue, langue fourrée.*

[3] *Litière*, paille mise sous le bétail.

[4] *Trait, traits*, cordes, chaînes, longes de cuir ou de soie, au moyen desquelles un animal tire ou traîne une voiture ou un fardeau.

[5] *Forcer* ou excéder.

[6] Les autres sortes de fromages se nomment de noms de lieux qu'on trouvera dans le GRAND NOMENCLATEUR, ou qu'on pasigraphera alphabétiquement.

[7] *Coup*, d'où boire un coup, d'un seul mot en Pasigraphie.

[8] *Kouasse, kichelichi,* boissons russes.

[9] *Raky*, boisson hongroise.

NEUVIÈME CADRE.

[1] ART-SCIENCE. Il ne s'agit ici que des arts les plus intimément liés aux sciences, de ceux qui en offrent ou les moyens ou les résultats les plus immédiats, et non des arts-métiers.

[2] Toute exception fait partie de la règle.

[3] *Taille, fente, bec,* d'une plume à écrire.

[4] *Boustrophédon*, sorte d'écriture qui va sans interruption de la gauche à la droite et de la droite à la gauche.

[5] *Ablatif, local.* Ce dernier cas indique le rapport à un lieu, comme *à Paris, dans Paris, par Paris, loin de Paris, près de Paris :* le nom porte le signe du cas local après ces prépositions exprimées par un mot, ou sans préposition expresse dans : Nous venons *de Paris.*

[6] *Parenthèse, accolade.* Le reste est dans la *Typographie.*

[7] *Chargé*, écrit où l'on a ajouté ou changé quelques mots.

[8] *Vot. -, s. -, l. tr. h. e. t. o. s. Votre, son, leur très-humble et très-obéissant serviteur ou servante,* selon que le mot est au masculin ou au féminin. *Vos, ses, leurs très-humbles et très-obéissans serviteurs,* si le mot est au pluriel. Ceci est expliqué dans la méthode. *Votre, son, leur,* ou *Vos, ses, leurs* et le reste, pour premier, pour second et pour troisième termes.

[9] *Quipos, salem, chiffre. Quipos,* écriture des Péruviens au moyen de nœuds. *Salem,* écriture usitée parmi les femmes des harems d'Asie : les idées s'y communiquent par diverses combinaisons de fleurs et d'autres objets convenus.

[10] *Sens, acception.* Ici *sens* est la manière dont on entend tout mot quelconque.

DIXIÈME CADRE.

[1] *Ancienneté*, avec l'augmentatif, fait *antiquité.*

[2] *Invétéré*, avec l'augmentatif, fait *vétusté.*

[3] Ou *qui a lieu presque toujours.*

[4] Ou *qui n'a lieu presque jamais*, avec l'augmentatif, fait *étrange.*

[5] Couverture d'un charriot, grosse toile.

[6] Ou voiture de place.

II.e Partie.

[7] Ou *beurt*, *beurtz*, *beurt-schépen*.

[8] *A la garde de Dieu*, *et sous la conduite de*, formule de lettre de voiture.

[9] *Poids - marchand*.

[10] Ou *Zurlo*.

[11] *Heure* comme *stund*, pris pour une mesure de distance ou itinéraire.

ONZIÈME CADRE.

[1] Les mots de ce Cadre servent à désigner les agens, par l'addition du signe du genre.

[2] Ce ne sont pas ici des noms de lieux, mais de dignités ou d'états.

[3] Avec le signe du genre féminin, *cavalier* (militaire) signifie ici *amazone*.

[4] *Queue*, d'où Pacha à trois queues.

[5] Tous les mots communs à l'infanterie et à la cavalerie, s'entendent de l'une et de l'autre.

[6] Voyez la quatrième colonne du Ve Cadre, intitulée : TRANSPORT PAR EAU.

DOUZIÈME CADRE.

[1] *Localité*, tout ce qui caractérise un lieu.

[2] Comme *Marche de Brandebourg*, etc., d'où *Margrave*.

[3] *Par m. et p. v.*, par monts et par vaux.

[4] *Step*, vaste plaine couverte d'herbes incultes.

[5] *Promontoire*.

[6] *Maison de plaisance*.

[7] Un quatrième terme sera ici *Louvre*, *Cremlin*, château unique de nom en tout pays.

[8] *Place* publique, en anglais *square*.

[9] Les autres noms ou se pasigraphent alphabétiquement, ou seront dans le GRAND NOMENCLATEUR. On nomme ici les principales places d'affaires, de politique, de fabrique, de commerce et de banque.

[10] *Aix-la-Chapelle*.

[11] *Laconie*, d'où *laconisme* et *laconique*.

[12] *Cap-de-Bonne-Espérance*.

GRAND NOMENCLATEUR

PASIGRAPHIQUE,

EN DOUZE CLASSES DE SIX CADRES CHACUNE.

DIX CADRES DÉTACHÉS DE CE GRAND NOMENCLATEUR.

1°. Le Ier Cadre de la Ière Classe,	6°. Le Ier Cadre de la VIIe Classe.
2°. Le Ier — de la Ve —	7°. Le Ve — de la VIIIe —
3°. Le IIIe — de la Ve —	8°. Le Ier — de la IXe —
4°. Le Ier — de la VIe —	9°. Le Ier — de la Xe —
5°. Le IIe — de la VIe —	10°. Le Ier — de la XIe —

Tous les Cadres du GRAND NOMENCLATEUR ont exactement la même forme que les Cadres du PETIT NOMENCLATEUR et de l'INDICULE, six colonnes, six tranches, et six lignes dans la tranche; on n'y observera que les seules différences suivantes :

L'INDICULE ne porte aucune marque de Cadre.

Ceux du PETIT NOMENCLATEUR ont pour marque un caractère pasigraphique répété deux fois, et placé dans les carrés des angles supérieurs, afin que le pasigraphe prenne ce même caractère ici ou là, selon sa commodité.

Les Cadres du GRAND NOMENCLATEUR portent chacun trois caractères : 1°. un qui sert à marquer la CLASSE à laquelle appartient le Cadre : ce caractère est toujours placé dans le carré de l'angle supérieur de la gauche, à côté du mot CLASSE ; 2°. deux placés ensemble dans le carré de l'angle supérieur de la droite, à côté du mot CADRE, et qui servent à marquer le Cadre. Il y a deux caractères dans ce second carré, afin que le pasigraphe puisse choisir à son gré l'un ou l'autre.

1ère *CLASSE.*   GRAND NOMENCLATEUR.

	DIEU, Être, Esprit, Nature, Nombre, Cieux,	ASTRES, Signes, Élémens.	SAISONS, Météores.
	— ou /	~ ou ✗	£ ou ?
—	DIEU, divinité, divin.	Soleil, disque, rayon.	Saison, température.
~	Cause, principe, origine.	Etoile ; constellation.	Temps, il fait un -, intempérie.
£	Possibilité, pouvoir.	Voie lactée, ourse, pet-., gr-.	Printemps, été, automne.
?	Puissance, toute-puissance.	Planète, satellite.	Arrière saison, hyver.
C	Suprême, sublime, - ité.	Comète, chevelure -, queue -.	Météore, aurore boréale.
G	Infinité, éternité, - nel [1].	Apparition, disparition.	Parélie, feu folet, - St. Elme.
—	Providence, toute-sagesse.	Saturne, anneau, Jupiter.	Aube, point du jour.
~	Prescience, prédestination.	Mars, Vénus, Mercure.	Aurore, crépuscule, - du matin
£	Nécessité, fatalité, fortune.	Herschel, lune, lunaison.	Matin, matinal, matinée.
?	Destin, sort, destinée.	Nouvelle lune, quartier, plein	Midi, avant -, après -.
C	Cas, contingent, éventuel.	Phase, croissant, décours.	Soir, soirée, crépuscule du soir
G	Devenir, y avoir, *faire* [2].	Solstice, d'hyver, d'été ; éclipse	Nuit, sombre, obscurité.
—	Être, existence, pré -.	Cercle, orbe, rotation.	Sérénité, beau - soleil.
~	Néant, cahos, ténèbres.	Hémisphère, climat.	Ombre, ombrage, ombragé.
£	Création, créature, faire.	Equateur, équinoxe, horison.	Vapeur, fumée, brouillard.
?	Formation, auteur, rendre (*tel*)	Méridien, tropique, colure.	Rosée, serein, brume.
C	Opération, exécution.	Ecliptique, Zodiaque.	Bruine, pluie, ondée.
G	Acte, œuvre, ouvrage.	Pole, - arctique, - antarctique.	Déluge, cataracte, arche [4].
—	Substance, substantiel.	Signe, degré, nœud.	Vent, zéphir [5], bise.
~	Simple ; composé, mixte.	Bélier, taureau, gémeaux.	Bouffée, coup de vent, rafale.
£	Modification, animation.	Ecrevisse [3], lion, vierge.	Vent coulis, vent alisé.
?	Parfaire, perfection, achevé.	Balance, scorpion, sagitaire.	Aquilon, autant, borée.
C	Accomplissem^t, consommation	Capricorne, verseau, poissons.	Tramontane, tourbillon.
G	Conservation, préserver.	Canicule. Ephémérides.	Rumb, maestral, siroc.
—	Esprit, spirituel, - tualité.	Elément, éther, vague.	Fraîcheur, froidure, refroidi.
~	Ange, arch-, chérubin, séraph.	Terre, terrestre, terraqué.	Froid, frimas, giboulée.
£	Démon, diable, Satan.	Eau, goutte, filet d'eau.	Gelée, congélation, figer.
?	Substance corporelle.	Source, ruisseau, torrent.	Givre, grésil, grêle, grêlon.
C	Nature, -rel, monde, univers.	Air, gas, phlogistique.	Verglas, glace, glaçon.
G	Nombre, numération, tout.	Feu, étincelle, flamme, flamber	Dégel, fonte, débacle.
—	Ciel, firmament, empirée.	Nord, septentrion.	Tiédeur, moiteur, chaleur.
~	Globe, boule, sphère.	Boréal, hyperborée.	Ardeur, hâle, brûlé, - lure.
£	Orbite, cours, révolution.	Sud, sud-est, sud-ouest.	Orage, ouragan, trombe.
?	Attraction, gravitation.	Midi, méridional, austral.	Eclair, éclat, coup.
C	Astre, corps céleste.	Est, orient, - tal, levant.	Foudre, tonnerre, carreau.
G	Lueur, lumière, -mineux, clarté	Ouest, occident, couchant.	Arc - en - ciel, iris.

GRAND NOMENCLATEUR. — *Ier Cadre.*

ESSENCE, QUALITÉS, COMBINAISONS DES ÊTRES.	ACTIONS DES ÊTRES LES UNS SUR LES AUTRES.	EFFETS ET RÉSULTATS D'ACTIONS ET DE FORMES.
Ł ou Y	G ou G	G ou G
Essence, essentiel.	Action, réaction.	Effet, résultat, produit.
Faculté, efficacité.	Couler, glisser, rouler.	Phénomène, prodige.
Influence, vertu [6].	Etendre, verser, répandre.	Bon, bonté, utilité, salutaire.
Emanation, découler.	Réflexion, réfraction.	Mauvais, nuisible, fatal.
Dériver, tirer, ensuivre.	Déclinaison, détour.	Danger, - reux, pernicieux.
Venir, provenir, procéder.	Tourner, tournoyer.	Indifférent, indéfini.
Accident, événement.	Pulsion, impulsion, répulsion.	Calme, tranquillité, bonnace.
Advenir, arriver, survenir.	Commotion, vibration.	Cours, courant, fil, laps.
Supplément, complément.	Tremblement, trembloter.	Flux, reflux, marée, mousson.
Concours, circonstance.	Vaciller, chanceller.	Cascade, cataracte, jet, saut.
Combinaison, mélange.	Percussion, répercussion.	Bourrasque, tourmente.
Divisibilité, distribution.	Pression, compression, serrer.	Tempête, avalanche.
Lenteur, ralentissement.	Effusion, infus-, transfusion.	Bruit, bruissement, murmure.
Vitesse, accélération.	Filtration, inf-, exfiltration.	Glouglou, gargouillement.
Célérité, vélocité.	Débordement, *superfluité*.	Claquer, craquer, croquer.
Véhémence, impétuosité.	Inondation, submersion.	Résonner, retentir, écho.
Violence, effort.	Pénétration, imbibition.	Répétition, réverbération.
Résistance, immobilité.	Tenir, con-, englobé, absorbé.	Détonnation, fracas.
Fixité, stabilité, immuabilité.	Effleurer, frôler, *friser*.	Elimer, atténué, usure [7].
Poids, pesanteur, lourdeur.	Froter, frotement, froisser.	Altération, détérioration.
Condensation, concentrer.	Frapper, écorner, casser, briser	Dégradation, empirer.
Retirer, racornir, concrêt.	Rompre, fracasser, moudre.	Déchoir, dégénération.
Ductilité, maléabilité.	Tronquer, écaché, écailler.	Dépérir, périr, perte.
Dilatation, raréfaction.	Renverser, bouleverser.	Ruine, débris, décombre.
Mince, grêle, frêle, fragile.	Poindre, sourdre, jaillir, -re-.	Résidu, sédiment, lie.
Ténuité, délié, foiblesse.	Excéder, surpassé, surmonté.	Reste, fond, dépôt, marc.
Délicatesse, finesse.	Dominer, asc-, transcendant.	Corruption, gâté, vicié.
Petitesse, médiocrité.	Céder, fléchir, plier, ployer.	Moisissure, ranci, relent.
Modicité, défectuosité.	Inclinaison, déclinaison, -iner.	Décomposition, tourner.
Infériorité, *supériorité*.	Affaissement, enfouissement.	Pourriture, ordure.
Stagnation, croupir.	Pousser, chasser, expulser.	Dissipation, évanouissement.
Fermenter, effervescence.	Explosion, éruption.	Extinction, suppression.
Fusion, liquéfaction.	Allumer, embrasement.	Epuisement, tarissement.
Ebulition, bouillonnement.	Combustion, calcination.	Réparation, régénération.
Résolution, dissolution.	Consumer, destruction.	Reproduction, renaissance.
Changement, métamorphose.	Extermination, anéantissem^t.	Résurrection, palingénésie.

Ve CLASSE. — GRAND NOMENCLATEUR.

C	HOMME SENSIBLE, COEUR, BONTÉ.	FOIBLESSE, DOULEUR, COURAGE.	PITIÉ, CONSOLATION, JOIE, BONHEUR, DURETÉ.
	— ou /	∾ ou ≮	ℒ ou ⅄
—	Coeur ; *caractère* ; *naturel*.	Pusillanimité, timidité.	Pitié, commisération.
∾	Impassibilité, apathie.	Foible, foiblesse, affoibli.	Compassion, miséricorde.
ℒ	Indifférence, sang-froid.	Alarme, *alerte*, *algarade*.	Morosité, mélancolie.
⅄	Sérénité, calme, quiétude.	Emotion, saisir, trémousser.	Sérieux, gravité, morne.
C	Susceptibilité, éprouver.	Tressaillir, frémissement.	Eplorer, déplorer, lamenter.
C	Impression, affection [1].	Trouble, embarras, souci.	Gémir, plainte, doléance, con-.
—	Sensibilité, sensation.	Inquiétude, sollicitude.	Relâche, allègement.
∾	Sentiment, sentir, *avoir* [2].	Déplaisance, mal-aise.	Soulagement, réconfort.
ℒ	Pressentiment, ressentiment.	Déplaisir, désagrément.	Consolation, dissipation.
⅄	Toucher, pénétrer.	Fâcher, humeur, ennui [7].	Délassement, passe-temps.
C	Intérêt, prendre part.	Peine, tristesse, chagrin.	Récréation, amusement.
C	Prendre à cœur, avoir à cœur.	Douleur, anxiété, angoisse.	Divertissement, badinage.
—	Douceur, mansuétude.	Souffrance, pâtir, subir.	Agrément, agréer, agréable.
∾	Débonnaireté, bonhomie.	Affligé, désolé, deuil.	Plaire, se -, complaire, se -.
ℒ	Complaisance, obligeance.	Navré, crève-cœur.	Contentement, satisfaction.
⅄	Prévenance, aménité, accord.	Serrement, déchirement.	Gaieté, égayer, enjouement.
C	Prendre en bonne part.	Mal, malheur, tourment.	Folâtre, gaillardise, jeu, libre.
C	Affectueux, pathétique.	Tribulation, torture, supplice.	Facétie, goguenard, grivois.
—	Bonté [3], bien [4].	Langueur, langoureux.	Joie, joyeux, jovial, ris.
∾	Bienveillance, bénévole.	Abasourdi, abattement.	Plaisir, délectation, ébat.
ℒ	Bienfaisance, *bienfait*.	Accablement, consternation.	Jouissance, *faveur*, *savourer*.
⅄	Libéralité, *largesse*.	Accoutumance, amortir.	Volupté, *sensualité*, *sensuel*.
C	Munificence, *prodigalité*.	Endurer, supporter, soutenir.	Bonheur, félicité.
C	Générosité, excellence.	Patience, longanimité.	Délice, délicieux, délectation.
—	Grâce, gracieux, *revenant*.	Assurance, sécurité.	Prospérité, prospère.
∾	Daigner, passer, tolérer.	Fermeté, force, constance.	*Propice*, *favorable*.
ℒ	Ménager, épargner.	Imperturbabilité.	Réjouissance, allégresse.
⅄	Excuser, fléchir, exaucer.	Oser, hardiesse, enhardir.	Exultation, jubilation.
C	Pardon, clémence, *amnistie*.	Courage, encouragement.	Félicitation, congratulation.
C	Cordialité, piété [5], -*filiale*.	Braver, front, affronter.	Béatitude, bienheureux.
—	Gratitude, obligation.	Exposer, risquer, *chance*.	Blaser, fastidieux, ennui [8].
∾	Reconnoissance, retour.	Hazarder, aventurer, risque.	Dureté, endurcir.
ℒ	Remercier, action de grâce.	Aguerrir, bravoure, braver.	Insensibilité, rigueur.
⅄	Humanité, philantropie.	Valeur, vaillance.	Roideur, inflexibilité.
C	Magnanimité, dévouement.	Audace, témérité.	Cruauté, inhumanité.
C	Amour [6], charité.	Héroïsme, héros, stoïcisme.	Barbarie, acharnem^t, dénaturé

GRAND NOMENCLATEUR. *Ier Cadre.*

VOLONTÉ, Désir, Résolution, Accord, Liberté.	INSOUCIANCE, Caprice, Opiniatreté.	ÉMULATION, Transmission de volonté, Obéissance.	ou /
Ɩ ou Ɉ	**Ϭ ou Ϭ**	**Ϭ ou Ϭ**	
Volonté, vouloir, *entendre*.	Involontaire, incurie.	Émulation, émule.	
Hésiter ; perplexité.	Insouciance, négliger.	Rivalité, rival, rivaliser.	
Irrésolution, indécision.	Laisser aller, - dire, - faire.	Parti, partisan, faction.	
Balancer, *barguigner*.	Ne se soucier guère, - point.	Sectateur, fauteur.	
Incertitude, consulter.	Ambulatoire, versatilité.	Zèle, zélateur, s'évertuer.	
Délibérer, conseil, conseiller.	Arbitraire, à la guise.	Recherche, *brigue*, *cabale*.	
S'aviser (de), songer (à).	Caprice, être d'humeur.	Suggestion, induire (à).	
Se soucier (de), en vouloir (à).	Fantaisie, fantasque.	Inciter, susciter, pousser, défi.	
Proposition, plan, but.	Bizarrerie, boutade.	Exciter, instigation, porter.	
Tentation, velléïté, envie.	Coup de tête, quinte, lubie.	Séduction, suborner, gagner.	
Intention, dessein, projet.	Marotte, engouement, manie.	Amadouer, *embabouiner*.	
Vue, avoir en vue, - pour but.	Infatuation, extravagance.	Inspirer, *styler, siffler, souffler*	
Desir, souhait, vœu.	Temporiser, différer, délai.	Prière, sollicitation.	
Aspirer (à), soupirer (après).	Suspens, renvoi, remise.	Instance, intercession.	
Préméditer, *ne respirer que*.	Eluder, biaiser, tergiverser.	Adjurer, conjurer, implorer.	
Prendre parti, - le parti [9].	Rejet, repousser, récusation.	Supplication, supplique.	
Déterminé, décision, arrêté.	Dispense, exemption.	Exhortation, provocation.	
Résolution, résolument, fixe.	Refus, déni, se refuser (à).	Entraîner, engagement.	
Volontaire, exprès, formel.	Démentir, *démenti*, confondre	Offre, adhésion, accession.	
Propre-mouvement, spontané.	Révoquer, *désappointer*.	S'en remettre, s'en rapporter.	
Consentement, aveu, avoué.	Dédire, palinodie, abjuration.	S'en tenir, s'en référer.	
Se prêter (à), céder (à).	Renoncer, désintéressement.	Promesse, parole, protester.	
Savoir gré, *goûter*, trouver bon	Rétractation, reniement.	Observer, remplir, tenir.	
Accepter, adopter, admettre.	Se raviser, se départir, désister.	Acquitter, accomplir, suivre.	
Demande, prétention.	Opposition, butter, lutte.	Confier, fier, commettre.	
Exiger, presser, insister.	Empêcher, obstacle [10].	Donner commission.	
Persister, appuyer, soutenir.	Astreindre, restreindre.	Délégué, députation, préposé.	
Mander, commander, *du signe*	Obliger, forcer, imposer.	Charger, recommander.	
Ordre, enjoindre, prescrire.	Enfreindre, transgresser [11].	Signifier, notifier, intimer.	
Dominer, primer, prévaloir, se·	Manquer, frustrer, trahir.	Témoignage, attestation.	
Accord, accorder, convention.	Abonder dans un sens.	Résignation, condescendance.	
Permission, licence, *laisser*.	Tenue, ténacité, *mordicus*.	Déférence, docilité, souplesse.	
Liberté, - arbitre, franchise.	Obstination, entêtement.	Obéissance, dépendance.	
Il plaît, autorisation.	Têtu, taquin, mutin.	Soumission, subordination.	
Concerter, conspirer (à).	Opiniâtreté, absolu, ferme.	Assujettir, asservissement.	
Concours, unanimité.	Impérieux, intraitable.	Esclavage, servitude, serf.	

Vᵉ CLASSE.	GRAND NOMENCLATEUR.	
HOMME INTELLIGENT, ESPRIT, SENS, IDÉE, PENSÉE.	**IMAGINATION,** BEL-ESPRIT, ENTHOUSIASME, CHIMÈRES.	**MÉMOIRE,** MOYENS, PRODUITS ET DÉFAUTS.
— ou /	∾ ou ×	ℒ ou λ
ESPRIT de l'homme [1].	IMAGINATION, imaginaire.	MÉMOIRE, souvenir.
Ame, mâne, ombre, larve.	Invention, découverte.	Ressouvenir, recorder.
Entendement, entente.	Fiction, feinte, parabole.	Rappel, se rappeller.
Raison (faculté), raisonnable	Fable, fabuleux, roman.	Réminiscence, se figurer.
Intelligence, intellect [2].	Simuler, dissimulation.	Inculquer, retenir.
Sens, bon-sens, sens-commun.	Prétexte, subterfuge.	Par cœur, sur le bout du doigt
Capacité, habileté à.	Controuver, supercherie.	Trace, vestige, marque, repère.
Conception, comprendre.	Représenter, dépeindre.	Retracer, reproduire.
Clairvoyant, éclairé.	Figurer, simulacre.	Raconter, narré, récit.
Pénétration, perspicacité.	Imitation, contrefaire.	Répétition, récitation.
Sagacité, subtilité.	Image, copie, tableau.	Renseignem', reconnoissance.
Finesse, futé, ruse, tour.	Personnifier, personnage.	Reprocher, rabâcher.
Perception, apperçu.	Original, originalité.	Tradition, immémorial.
Idée, idéer, idéal.	Modèle, type, prototype.	Etude, studieux.
Notion, prénotion.	S'ingénier, ingénieux.	Apprendre, savoir.
Connoissance, voir.	Ressource, expédient.	Retenir, récapitulation.
Attention, présence d'esprit.	Aviser à, pourvoir à.	Coutume, usage, us.
Prendre garde, s'occuper.	Artifice, stratagème.	Habitude, routine, routinier.
Réflexion, méditation.	Esprit, avoir de l'esprit, bel-.	Signe, signal, signalé.
Pensée, pensif, songer.	Saillie, bon-mot, impromptu.	Symbole, emblème.
Observation, remarque.	Répartie, trait, pointe, rébus.	Hyéroglyphe, - mystère.
Considération, considérable.	Raillerie, plaisanter, sarcasme.	Commémoration, monument.
Contempler, envisager.	Ironie, dérision, moquerie.	Réputation, renom, renommée
Examen, scruter, exact.	Humor 5 ; drôlerie, quolibet.	Famosité, célébrité.
Savoir [3], au fait [4].	Inspiration, enthousiasme.	Rapport, relation, acte.
Supposition, hypothèse.	Exagération, hyperbole, outré.	Description, exposition.
Apparence, paroître.	Exaltation, illumin-, vertige.	Déduire, consigner.
Sembler, semblant, spécieux.	Folie, fanatisme, frénésie.	Tablette, souvenir, album.
Oui-dire, soi-disant, prétendu	Rêverie, vision, délire.	Journal, mémoire, factum.
Ignorance, impéritie, ignare.	Chimère, fantôme, spectre.	Histoire, annale, chronique.
Vraisemblance, illusion.	Enchantement, charme, magie	Mémoire locale, - fidèle.
Indice, indication.	Sortilège, sorcellerie, grimoire	Mʳᵉ artificielle, - exercée [6].
Désignation, assigner.	Prestige, amulette, talisman.	Avoir-, conserver la mémoire.
Sous-entente, double-entente.	Fée, sylphe, farfadet, lutin.	Distraction, inadvertance.
Mentalité, mental.	Loup-garou, revenant, ombre.	Omission, passé de l'esprit.
Prendre-, tenir-, donner pour.	Gnome, lémure, monstre.	Rester court, oubli.

GRAND NOMENCLATEUR.　　*IIIe Cadre.*

HOMME INTELLIGENT. JUGEMENT, ERREUR.	RAISON, RAISONNEMENT.	SAGESSE, TALENT, GÉNIE.
Jugement (*fac.*),-(*acte*) [7].	Raison, raisonnement.	Prudence, sagesse, *posé.*
Doute, douteux, *mettre en -.*	Question, *en question.*	Attribut, attribution, -tributif.
Soupçon, suspicion, éveil.	Proposition, problème.	Application, imputation.
Prévention, préoccupation.	Point, - capital, - principal.	Trouverque, reconnoître que.
Présomption [8], *se douter.*	Corollaire, *avoir trait à.*	Estime, *faire cas, traiter de.*
Conjecture, conjectural.	Rapprochement, comparaison.	Importance, *devoir, falloir.*
Pressentir, prévoir, prédire.	Convenance, *sortable.*	Approbation, faveur.
Présage, augure, pronostic.	Congruité, pertinence.	Applaudissement, éloge.
Divination, devin, horoscope.	Enchaînement, dépendance.	Louange, vanter, prôner.
Préjuger, préjugement.	Recherche, information.	Exalter, célébrer, honorer.
Opinion, avis, suffrage.	Interprétation, explication.	Distinction, illustra-, signalé.
Crédibilité, crédulité.	Eclaircissement, discussion.	Panégyrique, apologie.
Croyance, fier, confier, foi.	Traiter, approfondir.	Dédain, *dédaigneux.*
Persuasion, faire accroire.	Délibération, délibératif.	Mésestime, dépriser.
Conviction, *captieux.*	Restriction, abstraction.	Déprimer, ravaler, décrier.
Probabilité, preuve.	Discernement, classe, rang.	Dégradation, avilissement.
Démonstration, certitude.	Qualification, caractériser.	Huer, bafouer, honnir.
Evidence, notoire, manifeste.	Définir, circonscrire, borné.	Mépris, rebut, vilipender.
Vérité, véritable, vrai.	Motif, moyen, fondement.	Censure, critique, satyre.
Vérification, incontestabilité.	Choix, élite, option, triage.	Epiloguer, redire, dénigrer.
Sûr, sûreté, constant, positif.	Acception, condition, - nel.	Arguer, reprendre, taxer de.
Justesse, précision, net.	Allégation, assertion, établir.	Inculper, accuser, charge.
Infaillibilité, immanquable.	Accorder, soutenir, maintenir.	Blâme, réprouver, condamner.
Axiome, maxime, établir.	Affirmation, confirmation.	Justification, absolution.
Erreur, tort, se tromper.	Objection, contradiction [10].	Talent, habileté, adresse.
Mégarde, méprise, bévue.	Contrariété, difficulté.	Don, -naturel, -acquis, doué.
Fascination, disparate.	Opposition, obstacle (vu).	Goût, bon goût, mauvais goût.
Mal-entendu, contre-sens.	Réfutation, rétorsion.	Finesse, délicatesse, élégance.
Amphibologie, ambiguïté.	Contre-preuve, confondre.	Projet, plan, spéculation.
Equivoque, qui-pro-quo.	Négation, dénégation.	Catégorie, système.
Inconséquence, déraison.	Induction, déduction.	Adage, proverbe, sentence, dit.
Sophisme, paradoxe.	Allusion, allégorie.	Apophtegme, précepte.
Déception, abuser, duperie.	Argument, argumentation.	Principe, règle, *institution.*
Contradiction [9], absurdité.	Argutie, chicane, contrecarrer	Recueillement, contemplation
Sottise, ineptie, galimatias.	Conclusion, conséquence.	Esprit faux, esprit-fort.
Faux, coq-à-l'âne, non-sens.	Décision, solution, résolution	Génie, verve, sublime.

VIe CLASSE. GRAND NOMENCLATEUR.

G	HOMME PIEUX. RELIGION, DOGMES, INSTRUMENS, LIVRES.	ACTES RELIGIEUX, SENTIMENS, RÉSULTATS.	FÊTES RELIGIEUSES, USAGES, MINISTÈRE, SECTES.
	— ou /	∾ ou ⸕	ℒ ou ⅃
—	RELIGION, foi, culte.	ÉGLISE, fidèle, écuménicité.	FÊTE, chaumer, vigile.
∾	JESUS, *Christ*, JESUS-CHRIST.	*Ordre*, rang, hiérarchie.	Avent, quatre-temps, carême.
ℒ	Verbe, messie, rédemption.	Pouvoir, imposition, autorité.	Noël, innocens, épiphanie.
⅃	Saint-Esprit, Trinité.	Profes-, émission, vœu, serm^t.	Septua-, sexa-, quinquagésime
C	Incarnation, révélation.	Consécration, sacré, jurement	Passion, rameaux, Pâque.
Ɔ	Christianisme, chrétienté.	Dédicace, voué, inauguration.	Rogation, assent-, Pentecôte.
—	Caractère, circoncision.	*Discipline* [1], institution.	Vierge, -sainte-, Notre-Dame.
∾	Sacrement, baptême, -tistaire.	Purification, cierge.	Martyr, -tyre, confession [3].
ℒ	Confirmation, confession.	Lustration, encensement.	Dominicale, oraison domini-.
⅃	Onction, extrême -, chrême.	Offrande, offertoire, libation.	Jour gras, -maigre, -ouvrable.
C	Eucharistie, viatique.	Aumône, quête, tronc, tirelire.	Bénédicité, grâces, bénit.
Ɔ	*Ordre*, ordination, conféré.	Expiation, pénitence, stigmate	Prosterné, *discipline*, momerie
—	Dogme, dogmatisé, - tique.	Messe, sacrifice, cène.	Spirituel, -ritualité, temporel.
∾	Orthodoxie, catholicité.	Hostie, victime, immolation.	Secte, hérésie, hérésiarque.
ℒ	Prophétie, prédiction, oracle.	Holocauste, hécatombe.	Schisme, - atique, intrusion.
⅃	Pythonisse, sibylle, sibylin.	Célébration, communion.	Dissidence, non-conformité.
C	Prodige, -ieux, miracle, -uleux	Service, office, *mystère*, prière.	Excommunion, cas de consci.ce
Ɔ	*Mystère*, initiation, prosélyte.	Cérémonie, solemnité, pompe.	Déïsme, polithéïsme, athéïsme
—	Arche, piscine, vase sacré.	Sermon, prêché, prône, homélie	Ministère, -istre, consistoire.
∾	Calice, ciboire, patène.	Chant, plein-chant, psalmodie.	Lévite, rabbin, pharisien.
ℒ	Croix, crucifix, crucifixion.	Matines, vêpres, complies.	Mage, brâmine, hyérophante.
⅃	Autel, grand-autel, crédence.	Procession, pélerin, pélerinage	Druide, talapoin, fakir.
C	Ostensoir, reposoir, lutrin.	Réconciliation, relevailles.	Mufti, iman, derviche.
Ɔ	Chapelet, rosaire, grain.	Bénédiction, salut, -tation [2].	Inquisition, s. office, autodafé.
—	Testament, Bible, Genèse.	Conjuration, évocation.	Ordre, annonciade, *vestale*.
∾	Pentateuque, lévitique.	Exorcisme, anathème.	Camaldule, carme, capucin.
ℒ	Apocalypse, Epître, Acte.	Suspens, interdit, fulmination.	Cordelier, récolet, minime.
⅃	Décalogue, commandement.	Conversion, contri-, attrition.	Chartreuse, feuillant, merci.
C	Evangile, doctrine, endoctriné	Pardon, rémission, absolution	Bénédictin, bernardin, trappe.
Ɔ	Canon, bulle, bref, mandement	Indulgence, -plénière, grâce.	Jacobin, jésuite, oratorien.
—	Catéchisme, catécumène.	Piété, dévotion, mysticité.	Judaïsme, paganisme, gentil.
∾	Rite, rituel, lithurgie.	Funérailles, convoi, funèbre.	Guèbre, brama, lama, fétiche.
ℒ	Missel, Heures, Bréviaire.	Embaumé, enterré, *momie*.	Mahomet, islamisme, houri.
⅃	Pseaume, hymne, cantique.	Malédiction, damnation.	Luther, Calvin, protestant.
C	Oraison, antienne, litanie.	Béatification, canonisation.	Anglican, test, puritain, socin.
Ɔ	*Alcoran, sanscrit, zandavesta*	Sainteté, salut, *apothéose*.	Presbitérien, quaker, morave.

GRAND NOMENCLATEUR. *1er Cadre.*

HOMME SOCIAL. PROPRIÉTÉ, TRANSMISSION.	HOMME CIVIL. JUDICATURE.	HOMME POLITIQUE. GOUVERNEMENT.	ou /
C ou Ɔ	C ou Ɔ	C ou Ɔ	
Propriété, avoir, moyen.	Loi, réglement, code.	Souveraineté, règne.	/
Faculté, *de quoi, aise, bien.*	Statut, pancarte, patente.	Suzeraineté, suprématie.	×
Obtention, appartenance.	Administration, police.	Gouvernement, régime.	Ȝ
Possession, jouissance, garde.	Proclamation, ordonnance.	Autorité, autorisé, sanction.	J
Disposition, dévolu, remise.	Main-forte, maintenue.	Investiture, féodalité.	C
Cession, con -, rétrocession.	Prohib -, inhibition, défense.	Fief, féal, vassalité, sujet.	Ɔ
Transmission, donation, don.	Fisc, finance, régie, ferme.	Autocratie, aristocr-, dynastie.	/
Gage, salaire, honoraire.	Péage, octroi, barrière.	Avénement, usurpation.	×
Traitement, appointement.	Tarif, taxe, amende.	Dictature; 2,3, décemvirat[4]	Ȝ
Gain, profit, bénéfice.	Toutine, loterie, mont de piété	République, démocratie.	J
Héritage, héritier, succession.	Redevance, corvée, mainmorte	Interrègne, anarchie.	C
Patrimoine, -monial, légitime.	Contrainte, saisie, séquestre	Despotisme, tyrannie.	Ɔ
Dot, préciput, douaire.	Corps-de-ville, bourgeoisie.	Congrès, diète, états.	/
Fonds, foncier, immeuble.	Commune, -nauté, bannalité.	Cortès, junte, amphictyon.	×
Etablissem', domaine, apanage	Election, scrutin, ballotage.	Echiquier, assiente, *comité.*	Ȝ
Capital, capitaliste, principal.	Audience, séance, session.	Constitution, charte, *brevet.*	J
Usufruit, revenu, produit.	Chambre, siège, *sélecte.*	Capitulaire, récès, *décret.*	C
Rente, rente viagère, pension.	Assise, vacation, vacance.	Edit, rescrit, bill, *motion.*	Ɔ
Richesse, fortune, opulence.	Judicature, justicier, ressort.	Manifeste, déclaration.	/
Somme, espèce, numéraire.	Jurisdiction, compétence.	Coalition, confédéra-; ligue.	×
Monnoie, pièce, comptant.	Placet, requête, *factum.*	Guerre, trève, neutralité.	Ȝ
Effet, titre, hypothèque.	Intenter, poursuite, instance.	Ban, arrière-ban, *oriflamme.*	J
Déguerpir, abandon, délaissé.	Comparoir, interrogatoire.	Abdication, déchéance.	C
Reprise, récupéré, restitué.	Défaut, par défaut, contumace	Abroga-, aboli-, proscription.	Ɔ
Transaction, aliénation.	Réquisitoire, arrêt, sentence.	Attroupem', émeute, sédition.	/
Soumission, souscription.	Appel, évocation, conflit.	Conspiration, conjuration.	×
Vente, adjudication, -cataire.	Cassation, forfaiture, annullé.	Révolte, insurrec-, révolution.	Ȝ
Enchère, encan, criée.	Arrestation, déten-, réclusion.	Raison-, coup-, acte d'état.	J
Achat, emplette, acquisition.	Peine, infligé, sévir, afflictif.	Otage, captivité, rançon.	C
Amodiation, affermé, cens.	Punition, châtiment, supplice.	Tribut, -butaire, contribution.	Ɔ
Location, locataire, loyer.	Exil, banni, confiné, déporté.	Subside, impôt, aides, excise.	/
Bail, emphytéose, police.	Flétri, carcan, pilori, marque.	Capitation, taille, gabelle.	×
Dépense, dissiper, gaspillage.	Fouet, verge, fustigé, knout.	Solde, prix, récompense.	Ȝ
Dommage, perte, indemnité.	Lapidé, empoisonné, écorché.	Tribu, caste, clan, comice.	J
Testament, codicile, intestat.	Potence, gibet, pendaison, roue	Peuple, nation, population.	C
Legs, légataire, fidéi-commis.	Empalé, décollé, guillotine.	Diplome, -atique, négociation	Ɔ

VIᵉ CLASSE. GRAND NOMENCLATEUR.

ℭ	HOMME CIVILISÉ. MODES, TOILETTE.	CONDITIONS, RANGS, LUXE, DÉCORATIONS, TITRES.	ARCHITECTURE CIVILE ET MILITAIRE.
	— ou /	∼ ou ↗	ℒ ou 𝔏
—	Mode, -des, marchand de -.	Obscurité, abjection, vileté.	Architecte, -ure, module.
∼	Toilette, -parure, atour.	Vilain, manant, inconnu.	Colonne, -ade, obélisque.
ℒ	Ajustement, attifé, adonisé.	Notable, *gentlmen*, *piast.*	Base, piédestal, socle.
𝔏	Cosmétique, fard, blanc.	Noblesse, gentilhomᵉ, baronet	Fût, chapiteau, frise.
ℭ	Rouge, bezetta, crépon.	Quartier, condition, qualité.	Corniche, fronton, simaise.
ℭ	Pommade, pâte, -d'amande.	Patriciat, grandeur, grandesse	Entablement, architrave.
—	Coëffure, peigne, coup de -.	Monsieur, sieur, maître, don.	Ordre. Dorique, Ionique.
∼	Frisure, accommodage.	Mgʳ, seigneur, -eurie, messire.	Corinthe, Toscan, Composite
ℒ	Coupe, effilé, étage, mêche.	Mad., dame, ma-, demoiselle.	Goth, persique, arabesque.
𝔏	Echevelé, épars, ébouriffé.	Grâce, excellence, révérence.	Gallerie, portique, avenue.
ℭ	Mêlé, crêpé, tapure, re-.	Altesse, -sérénissᵐᵉ, -roi-, imp.	Tour, pavillon, aile, kiosk.
ℭ	Roulé, papillotte, fer à -.	Sire, votre-, sa maj., hautesse.	Portail, poterne, guichet.
—	Face, toupet, boucle, -clure.	Luxe, faste, pompe, apparat.	Corridor, dédale, labyrinthe.
∼	Annelure, ondoyer, flottant.	Attirail, appareil, airs, train.	Balustre, balcon, parquet.
ℒ	Chignon, relever, tignon.	Etalage, parade, ton, figure.	Pont, arche, môle, chaussée.
𝔏	Tresse, cadenette, tourné.	Raffinement, recherche.	Aqueduc, digue, levée, culée.
ℭ	Bourse, catogan, queue.	Pimpant, pavaner, renchérir.	Arcboutant, ceintre, ogive.
ℭ	Perruque, tête à -, postiche.	Magnificence, somptuosité.	Platteforme, coupole, dôme.
—	Attache, agraffe, crochet.	Equipage, suite, cortège.	Salle [2], scène, cirque, colysée
∼	Lac, lacer, entrelacé.	Etiquette, cérémonial.	Loge, parquet, paradis, foyer.
ℒ	Ruban, padou, faveur.	Titre, titulaire, honoraire.	Théâtre, amphi-, parterre.
𝔏	Nœud, cocarde, rosette, bouffe	Honneur, -orable, distinction.	Coulisse, rampe, soupente.
ℭ	Epaulette, aiguillette.	Rang, charge, dignité, lustre.	Plafond, entre-sol, mansarde.
ℭ	Brandebourg, bourdaloue.	Allégeance, hommage, -lige.	Galetas, donjon, girouette.
—	Passement, frange, crépine.	Décoration, ordre, cordon.	Architect. navale, gabarit
∼	Effilé, souci d'haneton.	Plaque, toison, en sautoir.	Quille, varangue, pont.
ℒ	Graine-d'épinard, cordelière.	Masse, crosse, *bâton*, sceptre.	Tillac, gaillard, château [3].
𝔏	Cannetille, cartisane, picot-	Diadème, couronne, -ment.	Dunette, écoutille, sabord.
ℭ	Broderie, feston, découpure.	Trône, intronisation, dais.	Bastingue, bordage, doublage.
ℭ	Godron, bouillon, -onné.	Cour, faire sa -, courtisan.	Boussole, habitacle, cale.
—	Bonnet monté, fontange.	Blason, écusson, armoirie.	Mât, artimon, beau-pré.
∼	Marli, carcasse, passe, fond.	Lambel, écartelé, fleurs de lys.	Misène, vergue, perroquet.
ℒ	Papillon, volant, barbe.	Page, écuyer, camerlingue.	Hune, hunier, agrès, pavois.
𝔏	Point, -d'Angl., -d'Alençon.	Chambellan, majordome.	Pavillon, flamme, banderole.
ℭ	Dentelle, blonde, entoilage.	Porte-[1], veneur, maîtrise.	Signal, porte-voix, lof, loc.
ℭ	Falbalas, fanfreluche, chiffon.	Infant, Dauphin, présomptif.	Ancre, jas, herpe marine.

GRAND NOMENCLATEUR. *IIe Cadre.*

ART MILITAIRE. DISPOSITIONS, ACTES.	ARMES, ARMURES, ATTIRAIL MILITAIRE.	SIÈGE, CAMP, RÉSULTATS MILITAIRES.
Levée, engagement, presse.	Arme, armement, attirail.	Pal, palissade, -sadé, pieu.
Conscription, réquisition.	Flèche, dard, trait, javelot.	Fascine, blinde, -age, gabion.
Corps, incorporation.	Pique, esponton, hampe.	Barricade, -dé, épaulement.
Service, exercice, activité.	Marteau, hache, massue.	Chaussetrape, *mettre des -.*
Porter, brandir, poser, dé -.	Baliste, catapulte, bélier.	Coupure, fossé, -ssé, tranchée
Munition, équipement, -page	Bander, décocher, portée.	Ligne, circonvallation, contre-
Ordre, mot, parole, appel.	*Epée*, lame, dos, plat d'-.	Ouvrage, - avancé, glacis.
Consigne, poste, -té, relevée.	Sabre, cimeterre, espadon.	Demi-lune, ravelin, tenaille.
Ronde, tour, -née, patrouille.	Poignard, dague, stylet.	Escarpe, - pé, contrescarpe.
Rang, front, ligne, haie.	Poignée, garde, pommeau.	Herse, pont-levis, tape-cu.
Alignement, former, serrer.	Baudrier, bandoulière, en -.	Chemin battu, chemin couvert
Qui va là? qui vive? sur le -.	Dragonne, sabre - tasche.	Flanc, flanqué, flanquant.
Escrime, *défi, cartel, duel.*	*Armure*, bouclier, écu, égide.	Approche, investisst, cernemt.
Botte, tierce, carte, pousser.	Pavois, pièce, cuirasse, -acé.	Blocus, siège, assiégé, -geant.
Estoc, taille, pointer, sabrer.	Plastron, -né, bras -, cuissard.	Surprise, escalade, assaut.
Parer, effacer, couvrir, posture	Casque, heaume, visière.	Batterie, risban, embrasure.
Assaut, bourrade, estramaçon	Uniforme, haussecol, maille.	Brèche, battre en -, faire -.
Coup fourré, enferré, enfilé.	Carquois, fourreau, giberne.	Mine, contre -, fougasse, globe
Revue, montre, parader.	*Mousqueterie*, arme à feu.	Parlementer, -aire, capitulation
Manœuvre, -vrer, évolution.	Espingole, escopette, fusillé.	Reddition, réduction, prise.
Conversion, demi-, quart de-.	Pistolet, *armer, batterie.*	Subjugué, conquête, butin.
File, serre -, filer, défiler.	Platine, bassinet, lumière.	Sac, saccage, à feu et à sang.
Marche, contre -, rompre.	Garde, gachette, chien.	Evacuer, démantelé, raser.
Déployer, ralliement, *halte là!*	Fût, culasse, crosse, - ser.	Revers, échec, représaille.
Alarme, générale, aux armes.	*Artillerie*, pétard, fauconneau	Ravitailler, levée de siège.
Attaque, offense, -sif, hostilité	Pierrier, obus, -ier, coulevrine.	Parti, partisan, incursion.
Escarmouche, embuscade, -che	Dragée, balle, boulet, bombe.	Excursion, sortie, exécution.
Charge, engagement, mêlée.	Charge, cartouche, gargousse.	Expédition, coup de main.
Donner, déboucher, foncer.	Chargé, monté, pointé, braqué.	Garnison, contribution, levée.
Forcer, enfoncé, coupé, tourné	Poudre, amorce, mèche [4].	Prisonnier, cartel, échange.
Affaire, fait, action, exploit.	Caisson, affût, écouvillon.	Camp, asseoir un -, campemt.
Défense, -sif, diversion, réserve	Feu, tir, décharge, billebaude.	Décamper, lever le camp.
Combat, battre, bataille.	Rater, long feu, manquer.	Tente, pavillon, -du général.
A outrance, à platte couture.	Ricochet, à -, rebond, revers.	Congé, -dié, cartouche, cassé.
Défaite, déroute, débandade.	Mitraille, charge à -, crever.	Campagne, armistice,
Chamade, retraite, licenciemt.	Bayonnette, sarbacanne.	Victoire, triomphe, trophée.

VIIᵉ CLASSE. GRAND NOMENCLATEUR.

	MÉTIERS QUI S'EXERCENT SUR LE BOIS.	MÉTIERS QUI S'EXERCENT SUR LES PIERRES A BATIR.	MÉTIERS QUI S'EXERCENT SUR LE FER.
	— ou /	~ ou ?	L ou X
—	Bucheron, hache, cognée.	Maçonnerie, truelle, ripe.	Forge, forger, *soufflet*.
~	Ramée, branchage, bourrée.	Marteau, maillet, smille.	Ferrure, ferrement, ferraille.
L	Fagot, faisceau, falourde.	Ciseau, cisaille, coupe.	Barre, gueuse, ringard.
X	Buche, -cher, abatis, chantier.	Dresser, appareiller, établir.	Bande, lame, plaque.
C	Van, vanier, claie, clairevoie.	Règle, équerre, cordeau.	Tole, feuille, fer-blanc.
G	Pannier, corbeille, crible.	Bard, binard, oiseau.	Fil [3], filière, trait, tringle.
—	Charpente, -entier, bisagüe.	Excav-, fondation, fondement.	Maréchal, fer à cheval.
~	Scie, sciage, sciure, refente.	Bâtisse, bâtiment, édifice.	Brochoir, bouloir, triquoise.
L	Poteau, poutre, solive, ais.	Chaux, four à chaux, *éteindre*.	Enclume, bigorne, billot.
X	Madrier, membrure, moise.	Gâcher, mortier, ciment, -té.	Eteau, tenaille, pince.
C	Chevron, tasseau, lierne.	Brique, carreau, carrelage.	Travail [4], moraille.
G	Esselier, échantignole, trappe.	Pavé, borne, hie, demoiselle.	Clou, encloué, rivure, tête.
—	Charron, -nage, risoir, bouge	Mur, muraille, parpaing.	Serrurerie, taillanderie.
~	Entaille, biseau, mortaise.	Pan de mur, blocage.	Rougir, amorcer, marteller.
L	Brancard, armon, essieu.	Pose, assise, remplissage.	Soudure, écrouir, étamper.
X	Roue, moyeu, jante, rais.	Torchis, pisé, bousillage.	Percer, forer, foret, ébiselé.
C	Junelle, ridèle, lisoire.	Chaîne [2], pierre d'attente.	Evuider, écarir, noyer [5].
G	Timon, limon, volée, palonier.	Crépi, revêtement, badigeon.	Lime, limaille, carelet, rape.
—	Tonnelier, doloire, jable.	Corps, façade, alignement.	Traverse, grille, grillage.
~	Tronchet, cochoire, bouvet.	Pilier, pilastre, pignon.	Vis, pas de vis, taraud, écrou.
L	Trusquin, esseau, bec-d'âne.	Porte, seuil, chambranle.	Anneau, esse, chaîne, chaînon.
X	Mairain, douve, douelle.	Fenêtre, croisée, lucarne.	Bouterolle, mèche, coin.
C	Cerceau, collet, reliure.	Soupirail, embrasement.	Cheville, clavette, goupille.
G	Bonde, bondon, robinet.	Etage, escalier, marche, degré.	Gond, douille, virole, boulon.
—	Menuiserie, rabot, varlope.	Rampe, trapan, palier, péron.	Fiche, couplet, penture.
~	Valet, sergent, goberge.	Atre, foyer, fourneau, -naise.	Targette, panneton, loquet.
L	Vrille, vilebrequin, tarière.	Cheminée, manteau, tuyau.	Verrou, clinche, gache.
X	Etabli, tréteau, échafaud, -age.	Voûte, clef, encaissement.	Fermeture, espagnolette.
C	Liteau, latte, chassis, cadre.	Evier, égoût, dale, gouttière.	Serrure, cadenas, garde.
G	Volet, contrevent, battant [1].	Canal, citerne, bassin, puits.	Clef, passe-partout, rossignol.
—	Boiserie, linteau, travée.	Moulin, -à vent, -à eau, meule.	Coutellerie, couteau, -telas
~	Cloison, lambris, languette.	Comble, faîtage, chanlate.	Damas, damasquinure.
L	Planche, plancher, parquet.	Couverture, auvent, toit.	Lame, émoussé, *brèche*.
X	Marqueterie, placage, ébéniste	Tuile, plâtras, gravois.	Aiguisé, morfil, tranchant.
C	Tour, -en l'air, -à pointes.	Tasser, voiler, déjetter.	Trempe, recuit, bleuir.
G	Mandrin, poupée, archet.	Démolir, matériaux, encombré	Quincaillerie, mercerie.

GRAND NOMENCLATEUR. Ier CADRE.

USTENSILES.	MEUBLES.	COMMERCE.	ou /
ℓ ou J	**C ou Ɔ**	**Ɛ ou Ɜ**	
Ustensile, vaisselle.	Meuble, mobilier, bien -.	Commerce, -mercer, négoce.	/
Potterie, terre, faïence, -rie.	Bâton, *bastonnade*, canne.	Echange, trafic, troc.	
Porcelaine, *pozzolano*.	Natte, paillasson, paillasse.	Débit, défaite, détaillé.	
Pot, anse, couvercle, fond.	Berceau, *bercé*, couche.	Marchand, - andise, denrée.	
Vase, vaisseau, tesson.	Sangle, branle, hamac.	Chaland, - andise, pratique.	
Ecuelle, gamelle, jatte.	Lit, lit de sangle, grabat.	Marché, marchander.	
Assiette, plat, bassin [6].	Bois-, pied, chevet, ruelle [10].	Balle, ballot, emballage.	
Bol, jarre, terrine, tinette.	Matelas, sommier, lit de p. [11]	Lien, lié, garotté, enveloppé.	
Plat à barbe, lavoir, cuvette.	Coussin, oreiller, traversin.	Paquet, cornet, *grosse*.	
Pot à l'eau, aiguière, gobelet.	Couverture, courtepointe.	Poids, sur le poids, tare.	
Pot au lait, pot à traire [7].	Couvrepied, soubassement.	Tonnage, minage, pundage.	
Pot à beurre, pot à cuire [8].	Rideau, courtine, ciel.	Arrhe, denier à Dieu, pot de vin	
Théière, cafeti-, chocolatière.	Caisse, coffre, malle, bahut.	Assortiment, fourni, - ture.	
Huilier, vinaigrier, saussier.	Cassette, esquipot, *cachoter*.	Echantillon, essai, *montre*.	
Poivrière, sallière, godet.	Console, guéridon, cabaret.	Exposer, étalage, montre.	
Moutardier, coquetier.	Table, tablette, rayon, *cale*.	Enseigne, marque, *bouchon*.	
Pot de chambre, urinal.	Armoire, dressoir, buffet.	Conditionné [14], frelaté.	
Bassin, -à malade, lunette [9].	Bureau, secrétaire, pupitre.	Sophistiqué, rebut, au -.	
Batterie, poële, poëlon.	Echelle, échelon, gradin.	Frais, déboursé, avance.	
Bouilloire, coquemar.	Marchepied, escabeau, montée	Coût, prix, valeur, exorbitant.	
Marmitte, chaudière, -dron.	Siège, banc, tabouret, selette.	Courtage, *plok-penin*.	
Casserole, lêchefrite, gril.	Chaise, - percée, banquette.	Commission, droit, remise.	
Ecumoire, passoire, couloir.	Fauteuil, bras, dossier.	Gratification, pour boire.	
Cuiller, cuilleron, fourchette.	Sofa, canapé, ottomane.	Epargner, griveler, lésine.	
Pot à feu, réchaud, trépied.	Tapisserie, tapissier, tenture.	Demande, commande, ordre.	
Chaufferette, bassinoire.	Tapis, tapis de pied, Gobelin.	Entreprise, pourvoir, se -.	
Chenet, pêle, pince, - cette.	Bourrelet, rembourrure.	Livraison, étrenne, passe [15].	
Broche, tourne -, fourgon.	Miroir, *se mirer*, trumeau.	Accaparement, monopole.	
Soufflet, briquet, allumette.	Lustre, girandole, bras [12].	Contrebande, maltote.	
Lampe, -pion, pipe, cassolette.	Pavillon, baldaquin, jalousie.	Concurrence, rabais, au rabais.	
Chandelle, chandelier, bougie.	Poile, four de campagne.	Société, compagnie, raison.	
Bobêche, épargne, binet.	Moulin, égrugeoir, rape, -ure.	Facture, livre, tenue.	
Etouffé, mouché, mouchure.	Ecran, parav.t, -à sol, à pl. [13]	Créance, dette, - criarde.	
Boîte, tabatière, bonbonnière.	Tiroir, encognure, bidet.	Remboursement, rentrée.	
Epingle, pelotte, étui, trousse.	Portemanteau, chiffonière.	Préjudice, perte, déchet.	
Curedent, -oreille, tirebouchon	Cercueil, bière, urne.	Obéré, faillite, banqueroute.	

VIIIe CLASSE. GRAND NOMENCLATEUR.

	ARTS LIBÉRAUX ET ACCESSOIRES, RÉLATIFS AUX FORMES.	PEINTURE ET TEINTURE.	ARTS AGRÉABLES. POÉSIE.
	— ou /	∼ ou ≠	ſ ou ƛ
—	Dessin, trait, tracé.	Peinture, peintre, pinceau.	Poésie, poëme, épopée.
∼	Esquisse, ébauche, croquis.	Pastel, terre d'ombre, bol.	Chant, stance, strophe.
ſ	Profil, patron, *silhouette*.	Encre de la Chine, lavis.	Ode, cantate, lyrique.
ɫ	Ombre, hachure, estompe.	Enluminure, outre-mer.	Dithyrambe, prosopopée.
Ϭ	Figure, image, contour.	Détrempe, fresque, gouache.	Idyle, romance, élégie.
Ϭ	Symétrie, compartiment.	A l'huile, encaustique.	Conte, fable, apologue.
—	Gravure, burin, buriné.	Palette, mollette, broyer.	Chanson, couplet, refrain.
∼	Echope, gouge, onglet.	Mêlé, mélangé, nuancé.	Madrigal, rondeau, sonnet.
ſ	Estampe, taille-douce.	Fondre, emboire, noyer.	Epithalame, épitaphe.
ɫ	Pointillage, grèné, grènelé.	Couche, imprimé, empâté.	Epigramme, burlesque.
Ϭ	Manière noire, bistre.	Gradation, dégradation.	Enigme, logogriphe, charade.
Ϭ	Poinçon, contre-, matrice.	Amortir, adoucir, délayer.	Acrostiche, centon, anagra^{mme}
—	Ciselure, guilloché, rifloir.	Modèle, pose, mannequin.	Vers, versification, rithme.
∼	Relevé, poussé, enfonçure.	Draperie, costume, nud.	Rime, hémistiche, scandé.
ſ	Mat, terné, bruni, polissure.	Chevalet, appuie-main.	Prosodie, hiatus, élision, élipse
ɫ	Ornement, vignette, fleuron.	Calque, transport, piqué.	*Anacréon, érotique, libre*.
Ϭ	Guirlande, volute, acanthe.	Teinte, demi-, camayeu.	*Pindare, héroïque, pathos*.
Ϭ	Cul-de-lampe, cartouche.	Effet, accord, ensemble.	*Simple, familier, pastorale*.
—	Monnoie, médaille, coin.	Jour, clair, lumière, reflet.	Apollon, Minerve, Muse.
∼	Carré, balancier, fléau.	Touche, foncé, obscur.	Cupidon, Mercure, Hymen.
ſ	Jaquemard, volée, frappé.	Carnation, carmin.	Grâce, nymphe, Flore, Pomone
ɫ	Lingot, lingotière, flan.	Coloris, ton, morbidézza.	Pan, faune, satyre, Bacchus.
Ϭ	Essai, toucher, aloi, fin.	Manière, genre, style, faire.	Parque, furie, mégère, méduse.
Ϭ	Départ, coupelle, alliage.	Léché, précieux, fini.	Cythère, Gnide, Paphos, Idalie
—	Fonte, fondeur, fusion, jet.	Point de vue, raccourci.	Drame, dramatique, *empoulé*
∼	Moule, moulé, forme, modeler	Perspective, lointain, vague.	Comédie, farce, parade.
ſ	Armature, bavure, culot.	Pittoresque, romantique.	Tragédie, opéra, opéra bouffon
ɫ	*Cloche, sonnette, timbre* [1].	Décoration, éclat, gloire.	Vaudeville, parodie, -odiste.
Ϭ	*Sonnerie, carrillon, tocsin*.	Rustique, grotesque, rocaille.	Début, ouverture, entrée.
Ϭ	*Batteur, -d'or, baudruche*.	Charge, caricature, bamboch^{de}	Prologue, épilogue, moralité.
—	Sculpture, -teur, ciseau.	Mosaïque, pièce de rapport.	Scène, monologue, dialogue.
∼	Rondelle, gardine, boucharde.	Vernis, vernissé, laque, avivé.	Acte, entre-acte, intermède.
ſ	Relief, bas-relief, bosse, en-.	Barbouillage, croute.	Intrigue, nœud, imbroglio [3].
ɫ	Buste, médaillon, effigie.	Teinture, teint, teinturier.	Episode, coup, catastrophe.
Ϭ	Terme, cariatide, support.	Mordant, bisé, racinage.	Arlequin, Pasquin, Crispin.
Ϭ	Statue, -équestre, torse, groupe	Décreusé, déchargèr [2].	Pantalon, Gilles, Scaramouche

GRAND NOMENCLATEUR.

*V*e CADRE.

C
ou
C

ARTS AGRÉABLES, Musique, Instrumens.	DANSE, Exercices, Spectacles.	BIJOUTERIE, Jeux.
Ⅼ ou Ɉ	Ⴚ ou Ɔ	Ⴚ ou Ɔ
Musique, - cien, harmonie.	Danse, saut, sauteur.	Bijou, joyau, écrin.
Méthode, euphonie, unisson.	- de corde, voltiger, tremplin.	Bague, anneau, chaton.
Toniq., diatoniq., chromatiq.	Pas, coulé, battu, chassé.	Boucle d'oreille, pendant.
Son, ton, air, monotonie.	Coupé, valser, pirouette.	Pendeloque, giraudole.
Intonnation, modulation.	Gambade, cabriole, écart.	Collier, carcan, rivière.
Diapason, gamme, tablature.	Entre-chat, croisé, jetté.	Brasselet, coulant, breloque.
Note, noire, blanche, ronde.	Menuet, courante, gavotte.	Brillant, rose, - ette, *jargon*.
Croche, double -, triple -.	Rigodon, chaconne, branle.	Table, glace, facette, éclat.
Dièse, bémol, bécarre, clef.	Sarabande, rondeau, gigue.	Mise en œuvre, enchasser.
Mesure, temps, pause, soupir.	Bourrée, matassin, olivette.	Lapidaire, cliver, égriser.
Cadence, fredon, roulade.	Contredanse, figuré, cadrille.	Pierre fausse, stras, caillou.
Chant, air, ariette, récitatif.	Bal, ballet, chorégraphie.	*Orfévrerie, argenterie*.
Solo, duo, trio, quatuor.	Exercice, gymnastique.	Couvert, service, nécessaire.
Partition, accompagnement.	Athlète, gladiateur, pugilat.	Fil, filigrane, galon, bordé.
Dessus, second -, basse, contre-	Course, carrière, arène, lice.	Or moulu, argent haché.
Partie, contre-point, chœur.	Lutte, joûte, naumachie.	Similor, pinchbeck.
Concert, - to, consonnance.	Carrousel, tournois, jeu.	Paillon, clinquant, oripeau.
Motet, sonate, symphonie.	Champion, cavalcade.	Brinborion, babiole, faribole
Accorder, prélude, ouverture.	Blanc, bague, cible, viser.	Jeu, *en jeu, va de, chance*.
Taille, basse-taille, tenor.	Paume, balle, boule, mail.	Joujou, hoch-, jouet, pantin [5]
Haute-contre, faux bourdon.	Billard, bille, bricole, blouse.	Toton, sabot, toupie, bilboquet
Tierce, quarte, quinte, octave	Quille, ba...e; volant, raquette	Fossette, jonchets, osselets.
Mode, - majeur, - mineur.	Balançoire, escarpolette.	Dé, - pipé, rafle, creps.
Ritournelle, fugue, fanfare.	Colin maillard, cligne musette	Jeton, fiche, domino, biribi.
Instrument, lyre, luth.	Spectacle, jeu, acteur.	Carte, tarot, *battre, mêler*.
Harpe, psaltérion, alto.	Représentation, personnage.	Trèfle, pique, cœur, carreau
Cystre, cymbale, tympanon.	Rôle, déclamation, débit.	Roi, dame, valet, as, capot.
Guitarre, mandore, théorbe.	Pantomime, mime, lazi, grelot.	Manille, spad -, à-tout, vole.
Clavecin, forté-piano, épinette	Histrion, baladin, paillasse.	Piquet, berlan, wisk, hoca.
Violon, - ole, - loncelle, *poche*.	Masque, mascarade, domino.	Hombre, reversi, triomphe.
Basse, contre-basse, vielle.	Marionnette, polichinelle.	Tri, comète, bassette, cavagnol
Tambour, - bourin, timballe.	Bamboche, marmouset.	Pharaon, lansquenet, ponte.
Orgue, clavier, touche, pédale.	Escamotage, tour, gobelet.	Damier, dame, damer, pion.
Manche, chevalet, sautereau.	Jonglerie, batelage, salt. [4]	Echec, trictrac, *bredouille*.
Jeu, donner, pincer, toucher.	Cocagne, baccha -, saturnale.	Partie, gageure, pari, paroli.
Détonner, faux, cacophonie.	Redoute, wauxhall, relâche.	Pat, mat, martingale, revanche

IXᵉ CLASSE. GRAND NOMENCLATEUR.

ARTS-SCIENCES. MÉCANIQUE.	ARTS RÉLATIFS A LA LUMIÈRE, AU FEU, A L'EAU ET A L'AIR.	ARTS CHYMIQUES.
— ou /	∼ ou ✗	ℒ ou 𝔏
Mécanique [1], machine.	Optique, diôptr-, calopt-[3].	Matras, creuset, tute.
Instrument, outil, levier, coin.	Visuel, iris, auréole, nimbe.	Alambic, pélican, chape.
Manche, main, poignée.	Incidence, réflex-, réfraction.	Lut, hermétique [4], cément.
Croc, crochet, grappin, gaffe.	Champ, foyer, convergence.	Entonnoir, filtre, chausse.
Crampon, cramponé, tenon.	Résplandir, éblouissement.	Aludel, serpentin, retorte.
Arbre, axe, pivot, tourner sur-.	Cadran solaire, gnomon.	Mortier, pilon, concassé.
Manivelle, tourrillon.	Lunette, lorgnette, conserve.	Amalgame, composition.
Pressoir, treuil, cabestan.	Loupe, microscope, télescope.	Manipulation, spatule.
Cric, vindas, vireveau.	Lentille, prisme, bésicles.	Broyé, trituré, porphyrisé.
Crône, guindal, escoperche.	Chambre obscure, *abat-jour*.	Emulsion, digestion, solution.
Poulie, gorge, chape, moufle.	Optique, lanterne magique.	Infusion, coction, décoction.
Grue, mouton, palan.	Flinglass, acromatique.	Torréfié, crystalisation.
Roue, -age, roulette, pignon.	Verre, verrerie, verrotterie.	Distillation, cohobation.
Volant, aube, palette, fusée.	Vitre, vitrage, carreau.	- *Ascensum*, - *descensum*.
Dent, crémaillère, engrènage.	OEil de bœuf, boudine.	Exaltation, sublimé, -mation.
Rochet, cliquet, traquet.	Coulé, soufflé, canne.	Fulmination, précipitation.
Tour [2], tourniquet, -nasin.	Fêlé, fritte, flammêche.	Saturation, macération.
Calandre, rouleau, laminage.	Glace, émail, *étamure*.	Expression, extrait, rectifié.
Pompe, -aspir-, refoulante.	Artifice, feu d'-, illumination.	Menstrue, dissolution.
- à chapelet, - pneumatique.	Luminaire, flambeau.	Ferment, -tation, efflorescence
Piston, soupape, récipient.	Torche, brandon, candélabre.	Chaux min., minium, tutie.
Tube, chalumeau, syphon.	Lanterne, falot, fanal, phare.	Alkali, alkalisation, fluor.
Baro-, thermo-, aëromètre.	Mèche, lumignon, trainée.	Mucilage, mucosité, muqueux
Aréostat, ballon, éolipyle.	Pétard, serpenteau, fusée.	Tartre, crème de -, - stibié.
Pantographe, rapporter.	Tison, braisé, brasier.	Sel, - neûtre, - de Glauber.
Astrolabe, alidade, pinnule.	Charbon, *consumé*, *éteindre*.	Sel d'Epson, - sédatif, borax.
Compas, - de proportion.	Fumée, suie, cendre.	Oxigène, hydrogène, azoth.
Plateau, platine, point-d'appui	Puisard, seau, *puiser*, *épuisé*.	Ether, flégme, empireume.
Charnière, bélière, genouillère	Jet d'eau, nape d'eau, chûte-.	Ammoniac, régule, kermès.
Ressort, tension, monter.	Versé, égoutté, tari, *à sec*.	Natron, réalgal, *émétique*.
Horloge, horloger, clepsydire.	Cerf-volant, ventillateur.	Eau-forte, -régale, -seconde.
Mouvement, échappement.	Cornet, sifflet, flageolet, fifre.	Astringent, caustique, corrosif
Balancier, pendule, spiral.	Flûte, -traversière, haut-bois.	Confection, électuaire, arcane.
Cadran, quadrature, aiguille.	Musette, cornemuse, anche.	Pierre infernale, - à cautère.
Répétition, équation, détente.	Basson, clairon, clarinette.	- Philosophale, grand-œuvre.
Automate, détraqué, patraque.	Trompette, cor, *pavillon*.	- Gravelée, *caput mortunm*.

GRAND NOMENCLATEUR.   Ier CADRE.

ARTS CURATIFS. CHIRURGIE, MÉDECINE, PHARMACIE.	TYPOGRAPHIE, PAPÉTERIE, ET LIBRAIRIE.	BANQUE ET SPÉCULATIONS PÉCUNIAIRES.
Ɣ ou Ʒ	Ɠ ou Ɔ	Ɠ ou Ɔ
CHIRURGIE, lancette.	TYPOGRAPHIE, imprimé.	Avoir, actif, recette.
Rasoir, bistouri, scalpel.	Casse, cassetin, casseau.	Bailler, placer, mise.
Trépan, pélican, bec à corbin.	Quadratin, espace, division.	Versement, recouvrement.
Forceps, lithotome, sonde.	Corps, œil, cran, coche.	Consignation, consignataire.
Compresse, charpie, séton.	Visorium, mordant, galée.	Caution, garantie, répondre.
Bande, bandage, écharpe.	Composition, composteur.	Emprunt, prêt, - à intérêt.
Luxation, dislocation, foulure	Planche, forme, format.	Crédit, créditer, solvabilité.
Varice, anévrisme, hernie.	*In-folio*, justification.	Devoir, passif, redevable.
Rupture, fracture, esquille.	Imposé, remaniem^t, pâte [8].	Débiter, comptabilité.
Balafre, estafilade, coupure.	Taquoir, rouleau, blanchet.	Compte, - courant, ligne de -.
Blessure, blesser, vulnéraire.	Faute, coquille, bourdon.	Balance, bilan, arrêté.
Plaie, escare, cicatrice, - isé.	*Deleatur*, blocage, carton [9].	Reddition, appuré, solde.
Traitement, pansem^t, procédé.	Tirer, foulage, retiration.	Liquidé, libéré, paiement.
Bassiné, étuvé, fomenté.	Presse, tympan, frisquette.	Reçu, récipé, quittance.
Embrocation, injection.	Coffre, chassis, ramette.	Obligation, reconnoissance.
Onction, friction, lubrifié.	Barreau, clavette, train.	Assignation, rescription.
Pessaire, suppositoire.	Pointure, chevalet, grenouille.	Conversion, virement, dédit.
Ventouse, vésicatoire, cautère.	Palette, broyon, balle.	Constitution, consolidation.
Opération, scarification.	Monter, garnir, charger.	Change, rechange, aval.
Saignée, palette, ponction.	Touché, bavoché, maculature.	Billet, billet à ordre, mandat.
Dissection, anatomie.	Réclame; distribution.	Lettre de change, traite.
Dentiste, rugine, davier.	Estampille, griffe, timbre.	Tirer, émission, circulation.
Déchaussé, arraché, extirpé.	Ecrénure, polytypage.	Endossement, acceptation.
Oculiste, *empyriq.*, *charlatan*	Prote, épreuve, 2e, tierce.	Porter, présenter, passer [10].
MÉDECINE, consultation.	Ronde, romain, italique.	Opération, négociation.
Symptôme, pronostic, diag -.	Perle, nompareille, mignonne.	Cours, taux, *hausse*, *baisse*.
Ordonnance, recette, récipé.	Texte, gaillarde, petit romain.	Valeur, valeur en compte.
Remède, médicament, topique	Philosophie, cicéro, - gros œil.	Valeur *en marchandise*.
Médecine, prise, dose, panacée	S. Augustin, parangon, canon.	- *reçue comptant*, décompte.
Contre-, anti- [5], guérir, cure	Palestine, trismégiste.	Acquit, amorti, remplacement
APOTHICAIRERIE, pilule [6].	PAPÉTERIE, pâte, collage.	Commandite, cottisation.
Manne, lok, aposème, julep.	Pourrissage, trapan, cuve.	Intérêt, part, quotte-, dividende
Opiat, onguent, emplâtre.	Coulé, mouillé, lissage.	Action, - naire, - niste, prime.
Lotion, gargarisme, clystère.	Vergeure, bule, bis, carton [9].	Valoir, faire valoir; usure.
Seringue, seringuer, cannule.	LIBRAIRIE, brochure, - cher.	Mohatra, péculat, stellionat.
Thériaq., orviétan, mithrid [7]	Reliure, nervure, tranche.	Déficit, protét, *par corps*.

Xᵉ CLASSE.   GRAND NOMENCLATEUR.

TABLE GÉNÉRALE DES MESURES, DANS L'ORDRE ALPHABÉTIQUE.

DE CONTENANCE POUR LES LIQUIDES.		POUR LES MATIÈRES SÈCHES.
— ou /	**∿ ou ✗**	**ℒ ou 𝔄**
AAM, ahm, älm.	MAASS, magliojo, maid.	ACHTEL, achteendel, addix.
Acétabule, achteling.	Mastello, mataro, matulo.	Agtel, anegra, arroba.
Açumbure, almude.	Memecda, metalle, méter.	BACINO, barsella, barsello.
Alquier, ambare.	Métrétès, mezzarola.	Bassin, bazzili.
Amphore, ancre, anker.	Miglierole, millerole.	Bichet, boisseau.
Anthal, arrobas.	Mingle, mire, muid, mystron.	Brachilla, buschel.
BAQUET, baral, barrel.	NEBEL, nessel, niétro.	CAB, caffi, caffize, caliz.
Barril, barrique.	Ochavo, odor, oessel.	Cap, carnock, carre, carro.
Bassa, bath, batos.	Ohm, orcio, orka.	Carse, carte, cartel, - tière.
Becher, berg-eimer, bés.	Orne, osmonska.	Cavan, célémine, chalder.
Bescheller, beson, bessis.	Ottinger, outre.	Chao, chefford, chénice.
Bocal, bocale, borka.	Oxhooft, oxhutwud.	Cho, chomer, chous.
Botta, botte, bottle, boute.	PANILLE, peele, péga.	Co, coffino, combe.
Bouteille, bozzo.	Pièce, pieza, pignolo.	Conchas, conque, coomb.
Braccio, brasse.	Pint, pinte, pintger, pintz.	Cor, corde, coros, cotyle.
Brenta, brinde, broc.	Pipe, pitcher, plank, - en.	Coupe, coupelle, cyathe.
Burette, busse.	Poel, poinçon, poisson.	DROEMT; EMINE.
But, bygoncia [1].	Pot, potten, punchion.	Epha, éphi, *étalon*.
Cafisso[2], canada[3], cantar	QUARDULEN, quadriental.	FANÉGA, sehrt, serrado.
Carafie, - fon, carga, carra.	Quart, - tal, - tan, -tarius.	Fierding, firlot, fortin.
Cavada, char, chauçau.	Quartaut, - teron, - tilho.	GARAVE, garça, garnetsse.
Chémès, chopine [4], cogno.	Quartin, quartino, queue.	Garnitzen, garza.
Conge, copi, copo, coupe.	ROBE, roeder, roquille.	Geischeid, gombette.
Cruche, cüp, cuve, czarka.	Rubbo, rundlet.	Gomor, gonge.
DRICHING, decanter, EIMER.	SALMA, saum, schale, schach.	HAINER-MALTER, halster.
Engistara, escandeau.	Schenk-maas, schrove, sceau.	Hectos, heinze, heste, himte.
Fass, feuillette, fiasco.	Sechten, seidel, seitem, septier.	Hin, ho, hoed, home.
Fierdinger, - dinkar, fiertel.	Skipper, sorokovaia-botka.	Hornslarr, houd, hout.
Flacon, flasche, fœder, foudre.	Stekaimen, stekan, stof.	IKMAGOGA, imale, imy.
GALLON, garnete, glass, gobelᵗ	Stoop, stubchen, stuck-fast.	Junfer, jungfre.
HALR-tonder, haquet, hémine	TASSE, tchetverka.	KAPPOR, keel, kilo.
Hogshead; Jé, jatte, inquistara	Tierce, tierçon, tonel.	Kizloz, kop, koulle, kul.
KAN, kanna, kande.	Tonelada, tonne, tonneau, topf	Kreusse, külmitz.
Karannon, kilderkin.	Truchette, trulla, tun, tuna.	LAGÈNE, Lethec.
Kopse, korzek, krug, kruska.	VEDRO, velte, verge, verre.	Litron, lof, loof.
LAST, ligule, lod, lôt [5].	Viertel; Urn, URNE.	Log, loopen.

GRAND NOMENCLATEUR. 1er Cadre.

TABLE GÉNÉRALE DES MESURES, DANS L'ORDRE ALPHABÉTIQUE.

De contenance pour les matières sèches.	Linéaires.	D'arpentage.
Ƈ ou Ɔ	**G ou Ɔ**	**C ou Ɔ**
Mæschen, malter, marès.	Alen, aln, arisch.	Acker, acre, acte.
Médimne, megera, mercale.	Archine, aune.	Agna, aranzada, all·um.
Metzen, mézen, micne.	Barre, basse, bâton.	Aroure, arpent, *arpentage*.
Mina, mine, minel, minot.	Beth-cob, bille, braca.	Beth-coron, bicherée.
Mitt, modio, modios, -dius.	Bracche, bracchio.	Biolca, boisselee.
Moessin, moggia, moggio.	Brasse, brelle.	Borne, *lorner*, bunder.
Mondilo, mondino.	Cabidos, cadée, cando.	Cartelade, -terée, -teyrade.
Moncha, monka.	Canna, canne, canella.	Carrée, cavalléria, clime.
Mouyer, moyo, mudde.	Carré, cavidos, cavezzo.	Concade, coto, cuerda.
Muid, muken, mutt.	Ché, cobit, cobitz, codo.	Dessaetina, dextre, doppia.
Nylur. Osmine, outave.	Covado, coudée, covit.	Escat, estalade, fanegada.
Oxibaphe, oxibathe.	Craveiro, cubit, cubitus.	Fardingdeale, foot, fuss.
Pacchio, pajack, panache.	Dactyle, darne, daum, déale.	Giornata, gomed, graber.
Payoc, peck, pico, picotin.	Ell, eln, endreseh, empan.	Hacken, higle, hommée.
Piloc, ping, pipe.	Enseigne [8], esbaa, estado.	Hube, hyde.
Piquet, pollonich.	Faden, faon, fathom, faum.	Joch, journal, journel.
Quartarole, -ter, -ticenus.	Gaule, gode, guesse, guèze.	Juchait, jugada, jugère.
Quei, quillot, quwarter.	Jactam, inche, innck.	Maat, mine, moggio, morgen.
Rézal, raze, razière.	Ken, keub, khatouat.	*Palme*, pange-hart-korn.
Réale, rob, roclitz.	Klafter, kongpu, korn, kub.	Perche, pertica, pertiche.
Rubbie, rubbiatella, ruggi.	Lacter, ligne, lès [9].	Pezzo, piave, pio, piove.
Sac, sacche, sacco, sacoche.	Orge (grain d'), orgyie.	Poignerée, possessione.
Sack, saeck, sagon, sataro.	Pagèle, paleste, palme.	Quarta, -tier, -tuccio.
Saton, saw, schaf, sché.	Pam, pan, paume.	Rege, rood, rubbio.
Scheepel, scheffel, seah.	Pic, pick, pico, pichys.	Saccata, saumée, scorzo.
Sechsling, sedépha, sélémi.	Pied, -librando, -de Rhin.	Sedon, septerée, sesterée.
Sephel, sester [6], simmer.	Pied de roi, p.-trabucco.	Sétérée, sicilique.
Simri, snès, so, soma.	Pieu, point, pouce, punct.	Skeper-hart-korn, soma.
Spann, staio, star, staro.	Ras, raso, roede.	Staarland, stiora, stioro.
Stik, stof, stoop, stroutz.	Ruthe, rotole.	Stochiacuh, stufa.
Tan, Tarrie, teu, tibero.	Sacheu, sachine, schoe.	Tagmat, tattami, tavola.
Timbang, tomolo, tönde.	Schragen, sen, sex.	Toasa, toise.
Troubahouache, trustée.	Sexme, socarion, sok.	Tonde-hart-korn.
Tschetverka, tschetverick.	Stab, stajolo, stambolin.	Tophach, tornatura. Ulna.
Vat [7], veab, verp, wispel.	Tall, tod, tschesne, Var.	Vaneza, vara, vorling.
Worf, Xestès, Yu, Zatou.	Verge, verschock, vona, zoll.	Yard, Ziel, zuchart, zugada.

XIe *CLASSE.* GRAND NOMENCLATEUR.

TABLE GÉNÉRALE DES MONNOIES, DANS L'ORDRE ALPHABÉTIQUE.

MONNOIES FICTIVES, DE COMPTE, D'OR, D'ARGENT OU DE BILLON.

	— ou /	~ ou ✗	ℒ ou λ
—	Abagi, abbassi.	Daaler, daeler, daller.	Gallo, ganzas, gassa.
~	Adolphe, agorah.	Danime, darique.	Genovina, George.
ℒ	Albus, bäder-albus, altin.	Denier, denga, denuska.	Giorgino, gigliato.
ℒ	Alton, allevure, allure.	Derlingue, dinar, - bisti.	Giulo, giustina.
G	Angel, angelot, angster.	Doblon, dobra, dobraon.	Giustiniano, glano.
G	Annas, argyre, albertus.	Dolar, doppia, double.	Goesgen, gondas.
—	As, aslany, aspre, assarion.	Doublon, doudou, drachme.	Grain, gran, grano.
~	Atché, auguste, aureus.	Dreyer, dubbelje.	Grimelin, grischio.
ℒ	Babka, bagattino.	Ducat, - de Holl., - d'Empire.	Gruona, groat, groen.
ℒ	Bigherono, bahar.	Ducat di règno, - de vellon.	Gros, bon - [3], groschen.
G	Bajoir, balantion.	Ducaton, ducatelle.	Grossen, grot, grouk.
G	Bajocco, bayoque.	Duisten, (ou) deutgen.	Guinée, gulde, gute -.
—	Basche, batz, bon batz.	Ebraer, (ou) *justus-judex*.	Halfpenny, heller.
~	Bazaruco, bekàh, bés.	Ecu, - Albert, - au bidet.	Holer, hongre, hor.
ℒ	Blaifert, blanc, - ca, - quille.	- couronné, - au lion.	Jacobus, jehedo.
ℒ	Bolognino, borbe.	- de convention, - de 6 livres.	Impériale, juk, jux.
G	Brommer, budbrooken.	Egyforinth, égymagiar [2].	Keyser-grossen, kopfstuck.
G	Busche, buttala, burbe.	Escalin, - flamand, - holland.	Kreutzer, kreyzars.
—	Cabeer, cabesqui, cabir [1].	Falle, faname, fano.	Lac de roupies, landmuntz.
~	Caboletto, cache, came.	Fanoe, fanoin, fanon.	Lanternine, larès.
ℒ	Canderine, caragroche.	Fanos, fardos, farthing.	Larin, lauret, laxsau.
ℒ	Caragrouk, carube.	Felours, fenin, fening.	Leeuwenthaller.
G	Carl, - lin, carolin, carolus.	Filippe, (ou) philippus.	Leondale; Léopold.
G	Cavallo, cavaletto.	Fledermaus, flechte.	Liard, *six liards* (pièce).
—	Caszargaras, cati, ceïti.	Flett, - dansk, - marc.	Libra, libra catalana.
~	Chalcous, chaïe, chaouri.	Flinderke, flinricher.	Libra jaquesa.
ℒ	Chaqui; chéda, chérif.	Florin, - de compte, - d'Empire.	Lira, lira antica.
ℒ	Christine, chustaken.	- de Flandre, - de Gênes.	L. de banco, - de paghe.
G	Cintat, condérie.	- de Hollande, - d'or.	Liretta, lirezza.
G	Conderine, condorin.	- de Pologne; flouche.	Lisbo -, livo -, livour*nine*.
—	Copek, peat-copec.	Foettmenschen, foang.	Livre, - de compte, - de gros.
~	Coris, cornado, corsino.	Folle, follis, forbe.	Livre parisis, livre tournois.
ℒ	Couronne, crassie, crazie.	Franc, - d'argent, - d'or.	Livre de Troyes, liv. wlaams.
ℒ	Cremnitz, crobol, crown.	Franc de compte.	Louis, louis-d'or, - à la croix.
G	Cruzade, - nov., - vel.	Francescino, - cescono, - cisco.	Louis neuf, - vieux - au soleil.
G	Cruysdaelder; curon.	Frédérick, fyrke.	Lupin, ly, lyang, lys.

GRAND NOMENCLATEUR. Ier CADRE.

TABLE GÉNÉRALE DES MONNOIES, DANS L'ORDRE ALPHABÉTIQUE.

MONNOIES FICTIVES, DE COMPTE, D'OR, D'ARGENT OU DE BILLON.

L ou J	C ou Ͻ	Ꞓ ou Ͽ
MACOUTE, madonina.	PENCE, pennengue.	Schlanten, schlect-taller.
Maille, mallas.	Penny, penz, - kraslowsky.	Schwaren, schuit.
Mamoudi, mangour.	Pérèse, pérutah.	Scudo, - della crosse, - d'oro.
Maravedi, - de vellon.	Pesata, peso, petrono.	Scudo d'argento, - di stampa.
Marc, marc - lubs.	Pfening, - lubs, pfund.	Sequin,- mistry,- gingerly [4]
Marco, marck.	Piastre, piastrina.	S. - zequino, d'oro marche.
Marazz - sezztak.	Piccolo, pièce, piezza.	Scripule, sciti, ser.
Maes, mas, mass.	Pignatello, pise (pize).	Sérafin [5], sesterce.
Marien - groschen.	Pistole,-d'Espag.,-de France.	Sesthal, - half, sestin, sjame.
Marien - gulden.	Pite, pitis, plate.	Sicle, silique, skiling.
Matécallo, matha.	Plappert, plaquette.	S. - danks, s. - soudas.
Mathieu, mathoer.	Ploete, podion, poge.	Sol, soldo, sompaye [6].
Max, maximillien.	Poldingue, pole.	Soverain, souverain.
Mayon, méhah.	Poltinik, polu-po tinik.	Sportule, statère.
Mexicane, - miame.	Polturas, polturak.	Sterling, livre, sou, denier.
Miliaresion, milleraie.	Poluska, poudion.	Stuck, stuke, styke.
Minaltoun, mine.	Ponne, ponti, portugaise.	Sultanin, syfert.
Miscal, moeda.	Pound, pul - szlaly.	Szedmak, Szelong.
Moedor, moharre.	QUADRANS, quadruple.	TAEL, talaro, talent.
Mortical, moskok.	Quart, quarto, quartino.	Tamling, tanga, tare.
Mosofsky, moustaphoury.	Quinaire, quintin.	Tan, tarino, tarxa.
Muntz, muskofske.	RAPS, rathsprœsenger.	Telle, temin, temine.
Muntz, mynt.	Ratisbonine, rathe, ratz.	Testaon, teston.
NASARA, noble.	Real, - de plata, - de vellon.	Thaller, tibose, tical.
OBAN, obole.	Rées, reis, reichsdaller.	Timpfe [7], tympfe-daller.
Ochavo, ochote.	Rœpono, ride, rigisch.	Timfe-gulde, toler, toman.
Oer, oerlein, oertje.	Rix-daller, rix-oorth, ryder.	Tomin, tonne d'or, toque.
Olik, onlik, osella.	Romponi, ro e, rotale.	Tornèse, trojak.
Once, onza, onzia.	Rotolo, rouble, roupie.	Touraly, tourc, turq.
Ongaro, ottava, ouban.	Roustings, rundstuck.	Twelpenny, tzikit.
PADAN, paden, pagode.	SAÏGA, saine, S.-Giambatista.	UHERSZKY-ZLATY, utta.
Padlo, papeta, para.	S.-Jean,S.-Thomas,-Thomé.	Vintem, vingtain, witte.
Parasis, pardao, pardo.	Santa, sapeçon, sata.	YANALTOUN, zacjiés, zer.
Parpaïola, patac, patacca.	Sclin, schaï, schaaf.	Zeramabouk, ziam, ziangi.
Pataga, patagon, patard.	Scharaß, schefdal, schelling.	Zim, zimbli, zlotus.
Pataz, paul, peku.	Schilling, schilling-lubs.	Zolotte, [8], zweydritelstuck.

NOTES DU GRAND NOMENCLATEUR.
PREMIÈRE CLASSE.
PREMIER CADRE.

[1] Le *temps* et ses divisions, dans leur cadre particulier.

[2] *Faire*, neutre ; *il fait beau, il a fait froid, il fera chaud.*

[3] Ou *cancer.*

[4] *Cataracte* et *arche* dans le sens de la Genèse ; *cataracte du ciel, arche de Noé* : l'autre sorte de *cataracte* (du Nil, etc.), est après *cascade.*

[5] De *zéphir*, le signe du masculin fait *zéphyre*, en Pasigraphie.

[6] *Vertu* est là pour *force*, pour *qualité active ;* les *vertus* de l'eau, des sels, etc.

[7] *Usure*, l'effet de ce qui *use*, le résultat de l'*user.*

CINQUIÈME CLASSE.
PREMIER CADRE.

[1] Simplement ici l'état d'un être *affecté.*

[2] Pour *sentir*, comme *avoir du plaisir.*

[3] Avec le signe de *plus*, font *meilleur, mieux.*

[4] Avec le signe *très*, font *excellence, très-bien.*

[5] *Piété* n'est pas ici *dévotion* seulement.

[6] *Amour* est ici une vertu, *amour de l'ordre, amour de Dieu, amour du prochain :* au figuré cet *amour* peut être un goût, *amour des arts.*

[7 et 8] Il y a deux *ennuis* qui répondent l'un à *molestia* et l'autre à *tœdium* du latin.

[9] Pour *résolution.*

[10] *Obstacle* (vu) par abréviation, pour *obstacle* qu'on voit, qu'on connoît ou qui est volontaire. En Pasigraphie, tout *obstacle* voulu diffère de tout *obstacle* ou accidentel ou invisible.

[11] Un troisième terme, *contravention.*

TROISIÈME CADRE.

[1] *Esprit* de l'homme, pour le distinguer d'*esprit* substance spirituelle considérée en général.

[2] D'*intelligence*, vient entendre.

[3] Ce n'est pas ici le *savoir* de la mémoire, mais le savoir de l'intelligence.

[4] *Au fait*, instruit, informé.

[5] Mot et sens anglais.

[6] Cicéron dit en un seul mot : « Les règles de la mémoire artificielle, *mnemonica* ».

[7] On distingue *jugement* (faculté) de *jugement* (acte).

[8] D'où *présumer*, et non *présomption*, d'où vient *présomptueux.*

[9] *Contradiction* dans ce sens que deux idées impliquent *contradiction.*

[10] D'où *contredire.*

SIXIÈME CLASSE.

PREMIER CADRE.

[1] Il y a trois fois *ordre*, deux fois *mystère* et deux fois *discipline* dans cette page; *ordre*, sacrement, *ordre* hyérarchique, *ordre* monastique; *mystère*, objet de la foi, *mystère*, acte religieux; *discipline*, règle, et *discipline* de corde.

[2] *Salut* est ici une cérémonie.

[3] *Confession*, d'où *confesseur* qui souffre pour la foi.

[4] *Dictature*, 2, 3, *décemvirat*; *dictature*, *duumvirat*, *triumvirat*, *decemvirat*. Un cinquième terme sera *POLITIQUE*, idée qui suppose des hommes qui commandent et gouvernent en nombre indéterminé.

SECOND CADRE.

[1] *PORTE -*, *veneur*, *maîtrise*. De *veneur* et de *maîtrise* se font *grand-veneur*, *grand-maître*, *grande maîtresse*. *PORTE -* se joint à tous les mots qui en sont susceptibles, comme *porte-drapeau*, *porte-croix*, *porte-globe* ou *porte-crayon*, avec ou sans le signe du genre masculin ou féminin.

[2] *Salle*. C'est ici *salle de spectacle*.

[3] *Château*, *château d'avant* ou *d'arrière*, en deux mots. Un quatrième terme donne ici *encastillage*.

[4] *Artillerie* est ici la collection des machines et des moyens; dans le cadre des AGENS, *artillerie* est l'ensemble ou le corps des officiers et des soldats de cette sorte d'arme.

SEPTIÈME CLASSE.

PREMIER CADRE.

[1] *Battant* ou *vantail* d'une porte qui s'ouvre des deux côtés.

[2] *Chaîne*, pierres qui soutiennent les autres.

[3] *Fil*, *fil d'archal*.

[4] *Travail*, machine où le cheval est mis entre quatre pilliers.

[5] *Noyer*, faire qu'une partie entre dans une autre sans en déborder la superficie.

[6] *Bassin* à mettre les viandes sur la table : en latin *lanx*.

[7] Les Latins disoient, en un seul mot : *Pot à traire les vaches*; *Mulctrale*.

[8] *Pot à beurre*, *sinum*; *pot à faire cuire de la viande*, *olla*, *ollula*..

[9] *Lunette*, trou rond ou bourrelet de chaise percée.

[10] *Bois*, *pied*, *chevet*, *ruelle* de lit.

[11] *Lit de p.*, lit de plume, *coite* ou *couette*.

[12] *Bras* qui porte des bougies.

[13] *Ecran*, *paravent*, *parasol*, *parapluie*.

[15] *Passe*, d'où : « Je vous *passerai* cette marchandise à tel prix. — Je n'en veux donner que cela; *passe* ».

HUITIÈME CLASSE.

CINQUIÈME CADRE.

[1] *Cloche*, *sonnette*, *timbre*. Ces trois lignes sont placées là comme des accessoires

IIe Partie.   Q

que la plus foible analogie rappelle suffisamment au pasigraphe dès qu'il les y a lus une ou deux fois.

[2] *Décreusé, décharger.* Les teinturiers *décreusent* la soie, et quelques objets teints *déchargent,* se *déchargent,* perdent de leur couleur dans l'eau ou par le frottement.

[3] *Intrigue, nœud, imbroglio.* Le contraire de *nœud* donne dénouement.

[4] *Jonglerie, batelage, salt.; saltimbanque.*

[5] *Joujou, hochet, jouet, pantin.* Pantin, au masculin, fait *pantin,* petite figure d'homme ; et au féminin, *poupée.*

NEUVIÈME CLASSE.

PREMIER CADRE.

[1] *Mécanique* est ici l'art des machines, ou la science des forces mouvantes.

[2] *Tour,* tel que celui des couvens de religieuses.

[3] *Optique, dioptrique, catoptrique.*

[4] *Hermétique,* ce qui a rapport à la transmutation des métaux : dans un autre sens, *hermétique* est ici la racine pasigraphique de *sceller hermétiquement.*

[5] *Contre-, anti-,* se joignent à tous les mots que la pensée en rend susceptibles, comme *contre-poison, anti-scorbutique.* Seuls, ces deux mots signifient *contre, anti-dote;* et *anti* équivaut à *préservatif* en Pasigraphie.

[6] *Apothicairerie* ou *Pharmacie* avec le signe d'emphase. *Pilule* ou *bol.*

[7] *Thériaque, orviétan, mithridate.*

[8] *Imposé, remaniement, pâte ; imposer,* c'est mettre ensemble toutes les parties composées qui doivent former le nombre de pages ou la feuille qu'on veut imprimer. *Remanier,* c'est refaire et placer autrement quelques lignes. Quand un accident confond les mots et les lignes à tel point qu'il faille recomposer, cela s'appelle mettre en *pâte.*

[9 et 9] *Carton.* Le premier de ces deux mots signifie une ou quelques pages refaites dans un ouvrage déjà fini : le second signifie une feuille de papier fort et dur.

[10] *Porter, présenter, passer,* ou *porteur, présentation* et *passer à l'ordre de,* etc.

DIXIÈME CLASSE.

PREMIER CADRE.

[1] D'où *bigontius,* grand buveur.

[2] Ou *caphise.*

[3] Ou *Canhada,* ainsi que *cantar* ou *cantara.*

[4] Ou *schoppen,* des mots grecs *cheo pino :* je verse, je bois.

[5] Ou *loth.*

[6] Ou *sister,* ainsi que *summer* ou *summer.*

[7] *Vat* ou *raaten.*

[8] *Enseigne* signifie ici une mesure de drap, cinq aunes de Hollande, environ trois aunes de France.

[9] *Lès* ou *lez,* ou *laize,* largeur d'une étoffe.

ONZIÈME CLASSE.

PREMIER CADRE.

[1] Quelques-uns des mots écrits avec un *c*, s'écrivent aussi avec un *k*, comme *kanderine*, *kati*, *kuron* ou *kouron*.

[2] *Egymangiar-thaller*.

[3] *Bon gros*, ou *gute-grosche*.

[4] Ou *sequino-zinzerly*.

[5] Ou *xéraphin*.

[6] *Sol* ou *sou*. *Sou marqué*, des deux mots *sou* et *marque*.

[7] Ou *tympfe*, ou *dimpfe*.

[8] Ou *isolotte*.

On n'oubliera pas que plusieurs noms sont communs à certaines monnoies et à certains poids, à des mesures linéaires et à des mesures d'arpentage, à des mesures de contenance pour les liquides et à des mesures de contenance pour les matières sèches ; qu'ainsi les mots qu'on ne trouve pas sous l'un de ces titres, se trouvent sous l'autre.

FIN DE LA SECONDE PARTIE.

A PARIS, DE L'IMPRIMERIE DE C.-J. GELÉ,
rue du Temple, n° 22.

Contraste insuffisant

NF Z 43-120-14

www.ingramcontent.com/pod-product-compliance
Lightning Source LLC
Chambersburg PA
CBHW062308070726
47596CB00009B/878